고객 불만에 영향을 주는 통신네트워크의 장애와 해결방법

정소기 지음

| 저자소개 |

정소기

서울과학종합대학원 경영학박사 학위를 취득하고, 현재 SK브로드밴드 네트워크 기획본부 기획팀에 매니저로 재직하고 있다. R&D 국책과제 평가 위원으로 활동 하고 있으며, 사내 기술 경진대회 광선로 분야 동상을 수상했다. 그리고 광통신망 감시 시스템을 활용한 고객 불만 최소화 방안과 기술 사업화에 깊은 관심을 갖고 있으며, "광케이블 장애가 고객 불만에 미치는 영향 연구", "통신 상품별 VOC영향 요인과 학습곡선에 관한 연구","반사필터를 이용한 광선로 원격감시 시스템", "광케이블 접속함체를 이용한 광선로 감시 시스템" 등의 논문을 집필하였다.

본 도서는 서울과학종합대학원대학교 박사학위논문을 바탕으로 재편집된 것입니다.

■ 들어가는 글

기업들은 고객의 불만을 만족시키기 위해 다양한 경로의 정보를 수집한다. 고객 불만 정보는 다양성으로 인해 정형데이터와 비정형 데이터로 구분되어 생성된다. 정형적 데이터는 고객 정보가 입력된 콜센터 등을 통해 인입된 정보가 잘 관리되고 구조화된 경우이다. 비정형 데이터는 인터넷 서비스를 이용하여 고객들이 올린 동영상, 메시지, SNS 등 내용과 크기가 달라 통일화가 안 된 자료라고 정의 할 수 있다. 기업은 고객들의 다양한 행동을 정형화데이터와 비정형 데이터를 분석하여 고객 만족 경영에 도입을 하게 된다. 고객 만족경영은 기업 내부의 시스템과 외부의 환경 요인을 극복함으로써 극대화 시킬 수 있다. 이러한 다양한 환경 극복을 위해서는 정보통신의 발달에 의해 활성화가 되고 있으며, 많은 기업들은 빅데이터를 보존하게 위해 정보의 왜곡을 최소화 하도록 노력하고 있다. 정보의 왜곡뿐만이 아닌 빅데이터 정보가 회손 되지 않도록 하기 위해 고객의 다양한 불만 요인들을 시스템화 시킬 필요가 있다. 다양한 고객 불만을 시스템화 하기 위해서는 신속하게 응대하는 프로세스 구축을 통해 장애 요인을 제거해야 한다.

그리고 장애 요인들을 분석하여 고객 불만을 통합된 채널 및 통계화를 하도록 전산 시스템에 분리하도록 개발 하여 기업 내부에서 활용 하도록 해야한다. 또한 시스템에서 분석된 자료들은 기업 내부 콜센터, 홈페이지 등과 같은 전산 시스템에 대응 방법에 대한 처리 과정 지침 등을 등록하도록 하며, 유형별 고객 응대에 대해서도 교육을 진행해야 한다. 그리고 유선통신 네트워크 서비스는 초고속인터넷, 전화, IPTV 등의 상품들이 있다. 통신네트워크 서비스 상품들이 장애가 발생하면 품질 불만 고객들이 증가 하게 된다. 품질 불만 고객을 줄이기 위해서 통신 기업들은 시간이 지나면서 네트워크 장애에 대한 많은 경험과 학습을 하면서 보다 효과적으로 망운용을 하게 된다. 그리고 경험과 학습은 네트워크 장애 영향 요인들을 해결하기 위해서 기업 내부적으로 소프트웨어 적용, 인력 투입, 장비 투자 등의 노력을 한다. 통신사들은 네트워크 장애를 줄이는 가장 큰 이유 중 하나가 고객의 품질 불만을 줄이기 위해서이다. 그러나 계절 변화에 따른 외부 환경 영향으로 고객 불만을 증가 시키거나 감소시킬 수 있다. 계절의 변화와 통신네트워크 시설물 장애는 고객 불만 요인에 많은 영향을 미치고 있으며, 시설물에 수용된 고객 수와 네트워크 시설물 장애 복구 예상 시간에 따라 고객 불만을 증가시킬 수 있다. 통신 기업들은 통신네트워크 시설물 중에서 외부에 있는 선로 장애를 예방하기 위해서 공사 구간 등을 사전에 확인하고 장애가 발생하지 않도록 안전 조치를 취하는 것이 중요하다. 하지만, 가입자 규모와 서비스 확대로 통신네트워크 시설물들은 지속적으로 증가하기 때문에 유지보수 인력 등으로는 모든 장애 예방 활동을 하기에는 부족하다. 그래서 시설물의 지속적 관리와 신속한 장애 위치 추적 및 작업에 의한 장애 등을 예방할 수 있도록 감시 시스템 도입이 필요하다.

목 차

Chapter 01 통신네트워크 상품별 고객 불만과 학습곡선

1. 통신망 장애의 파급 영향

(1) 통신망 장애로 인해 인터넷이 끊어지면

갑자기 인터넷이 끊어지면 어떠한 영향이 발생할까? 주식거래를 하는 기업이나 개인들에게 자금 유동성 악화와 금융시장의 붕괴까지도 발생할 수 있을 것이다. 또한 신용카드, 메신저, SNS서비스, e메일, 병원 환자관리, 공공 인프라 시스템, 보안시스템 등 사회의 모든 분야에서 예측할 수 있는 극단적인 상황이 발생 할 것이다. 결과적으로 인터넷 장애는 사회적 경제적 손실 규모가 상상을 초월 할 것이다. 단순히 인터넷 매체만 이야기를 하였지만, 전화, IPTV 등 다양한 통신 서비스가 중단이 되면 비슷한 상황이 발생할까? 정도의 차이는 있겠지만 분명 고객 입장에서는 서비스를 제공하는 기업에 불만을 토론할 것이다. 통신 서비스를 제공 받는 고객 입장에서는 온가족들이 모여서 실시간 방송 시청을 하고 있을 때 장애가 발생하면 어떻게 대처할까? 우선, 자신이 좋아하는 프로그램을 볼 수가 없어서 짜증이 발생할 것이다. 그리고 장애복구 시간이 오래 걸리면 잠시 방송을 보지 못한다는 생각으로 통신사에 전화를 해서 빨리 복구 시켜달라고 할 것이다. 물론 다른 일을 하면서 잠시 시간을 갖는 고객들도 있을 것이다. 하지만 대다수의 고객 입장에서는 최대한 빨리 방송을 시청할 수 있기를 바랄 것이다. 기업 고객인 경우는 상당히 많은 영향들이 발생한다. 예를 들어 사내

메일과 메신저를 통한 업무를 못하거나, 전산으로 처리하는 수많은 입출금 관련 미연 동으로 인해 납기일을 못 맞추거나 미지급 될 때는 당혹스러울 것이다.

통신망의 장애가 발생하면 경제적 파급 영향이 크기 때문에 빠른 시간에 복구를 해야 고객 불만을 줄일 수 있다. 통신 장애는 기업과 개인들의 주식, 은행, 인터넷 상거래 등 많은 경제적 손실을 준다. 경제적 손실을 받게 되는 고객들은 경쟁사로의 고객이탈이 발생한다. 고객이탈은 신규로 고객유치를 하는데 드는 마케팅 비용의 5배 이상 발생한다. 기업들은 마케팅 비용을 줄이기 위해서는 고객 불만을 감소시키도록 노력해야 한다. 또한 이탈하는 고객뿐만 아니라 기존 고객들의 충성도를 높일 수 있는 서비스 등을 개선해야한다. 고객 불만의 가장 큰 원인은 제품과 서비스에 대한 불평, 불만들을 회복시키는 활동들을 고객의 눈높이에 만족을 못시켜서 실패하기 때문이다. 제품과 서비스를 이용한 고객의 25%는 제품에 대해 불만을 느끼고 있다. 그리고 고객 불만의 경험이 있는 고객들의 20%는 다른 기업으로 이탈한다. 다른 기업으로 이탈한 고객들의 원인은 품질과 서비스 지연, 요금 등의 이유가 많이 발생하여 고객 해지가 되고 있다. 따라서 기업은 SNS, e-메일 등을 활용하여 다양한 접점으로 들어오는 고객의 의견을 체계적으로 수집, 저장, 분석해야한다. 다양한 고객의 의견들은 기업의 경영활동에 활용하고 고객에게 다시 피드백 해줌으로써 궁극적으로 고객의 불만을 최소화하는 경영체계를 구축해야 한다.

(2) 고객 불만의 다양성

고객 불만(Voice of customer)은 다양한 경로로 수집되는 비 정량화된 자료이다. 기업에서는 이러한 자료를 정량화시켜 경영활동에 활용하고 있다. 기업은 고객 불만을 줄이기 위해 경영활동 측면에서 CRM등과 같은 시스템 등을 도입하고 있다. 고객 불만과 관련된 기존 연구들은 구매한 제품, 서비스 품질의 만족과 불만족을 다루는 내용들이 많다. 그리고 고객 불만 유형과 행동들을 연구하는 것이 대부분이다. 고객 불만(Voice of customer)은 초기에 전화를 이용한 상담에서 최근에는 인터넷, e-메일 등으로 다양화 되고 있다. 다양한 경로를 통해 기업으로 유입된 고객 불만은 관련 부서로 보내져 시스템화 하고 개선활동 등을 통해 새로운 경영시스템에 적용하게 된다. 그리고 최근 고객의 불만 처리는 단순히 불만에 대해서만 해결을 하는 시스템이 아니며 고객도 미처 모르는 불만을 찾아내고자 노력을 집중하고 있다. 하지만, 기업이 고객 불만을 줄이기 위해 다양한 서비스 품질 개선을 하여도 고객들이 체감하는 서비스의 만족도는 개선되지 않고 있다. 이와 같은 현상을 서비스 패러독스(Service paradox)라 부른다. 서비스 패러독스는 많은 시간과 경험을 통해 기업들이 극복해야 하는 숙제이다. 그리고 고객 불만에 대한 많은 경험과 학습은 시간이 지나면서 보다 많이 개선되고 있다.

(3) 통신네트워크 서비스의 학습에 따른 고객 불만 감소 방법

경험과 학습의 영향 요인이 시간에 따라 개선되는 것에 관한 연구는 Wright(2012)와 Henderson(1974)이 주장한 학습곡선(Learning curve)과 경험곡선(Experience curve)을 활용하여 설명할 수 있다.

기업은 인터넷 접속불가, IPTV 화면 멈춤 현상, 전화통화중 잡음 등 기술적인 부문의 고객 불만을 줄이는 방법들에 대해 시간에 따라 많은 문제점을 개선하면서 학습하고 있다. 문제점을 극복하기 위한 학습은 통신 기업들도 다양한 개선 방법을 통해서 연구하고 있다. 즉, 통신 서비스 장비측 문제인 경우는 소프트웨어 변경과 교체 등을 진행하고 있다. 기술적인 부분의 문제점은 네트워크 부문에서 기술 연구 개발 등을 지속적으로 수행하면서 해결 하고 있다. 그러나 통신 서비스 품질의 우수성이 타 사업자에 비해 떨어지게 되면 고객 이탈이 발생하는 주 원인 중에 하나이기 때문에 고객 불만을 줄이기 위한 많은 아이디어 제안이 필요하다. 그 중에서 품질불만 고객의 경우에는 인터넷, 전화, IPTV 등 매체에 대해 네트워크 구성원들 인력을 추가 투입하고 장비의 신규시스템 적용과 신규 장비 투자 등을 진행한다. 인력과 시스템 적용 등의 투자뿐만이 아니고 주말과 휴일 등과 계절에 따른 요인에 의해 고객 불만의 영향 도를 확인 할 필요성이 있다. 고객 불만 영향 도는 통신사의 월간단위 근무일수(Workday)와 계절적 요인인 전력수급과 태풍, 여름철 집중호우, 겨울철 폭설 등의 다양한 방법들이 있다. 그리고 유선통신네트워크의 전달망인 광선로와 동축케이블은 외부에 노출되어 있어서 가지치기에 의한 선로 단선, 태풍에 의한 전주 도괴 등 계절적 요인에 따라서도 안정된 운용이 되어야 한다. 또한 통신망이 고도화 되어도 자연재해와 같은 계절적인 변수들에 대해서는 통신사들이 발생 전·후 장애 방어 프로세스를 만들어야 한다.

2. 통신네트워크의 생존성

최근 방송 통신망의 전송 기술의 고속화와 광대역화에 따라 기업, 정부기관 및 관공서, 개인 서비스 등이 인터넷 매체에 의존하고 있다. 다양한 인터넷 매체는 전송장비나 선로 등의 외부 환경과 내부 시스템 장애로 인해 고객들의 정보획득 실패 등의 영향으로 경제적 손실을 줄 수 있다. 특히 국가 산업 전반에 매우 중요한 기간통신망이 예상치 않은 장애가 발생하면 막대한 피해와 비용이 발생할 것이다. 국가 기간 통신망은 국가 산업의 근간이 되기 때문이다. 또한 통신망에 예상치 못한 장애가 발생하면 해당 서비스 기업들은 장애를 최소화하기 위해 노력한다. 그리고 현재와 미래의 통신 환경까지도 고려하여 개선할 수 있는 많은 시스템을 개발하여 통신망 전체가 항상 안정적으로 운영되고 신뢰도를 갖추도록 한다. 통신망 안정화 측면에서 다양한 기술과 장애 발생을 대비하여 지속적인 유지관리를 하기위해 네트워크 생존성(Network survivability) 능력을 갖추어야한다. 즉, 네트워크 장애로부터 서비스 중단 시간을 최소화해야 한다는 것이다. 통신망의 장애들은 장비 장애, 광선로 절단, 화재와 작업자에 의한 오류, 파괴 등에 의해 발생 할 수 있다.

통신망의 생존성을 위해서는 장비가 설치된 국사와 지중과 가공에 설치된 광케이블, 가입망에 설치된 장비 등이 장애가 발생하지 않도록 연속적인 유지보수를 해야 한다. 유지보수는 데이터 전송을 하는 전송장비와 음성통화를 전달해주는 교환기, 방송 신호 송출하는 방송 장비 등으로 구성되어 있다. 따라서 통신사에서 제공되는 인터넷 망은 시설용량과 데이터 전송량 증가로 인해 사람들의 소통할 수 있는 생명선과 같다. 통신네트워크 장애는 장비와 전송 선로 구간의 문제로 나눌 수 있다. 장비의 문제점은 제조사에서 원인규명을 통해 대다수 해결이 되고 있다. 그러나 통신 상품을 전달 시켜주는 광케이블은 전주와 지중관로를 통해 구축되며, 외부에 노출되어 있어 유지보수 하는데 어려움이 많다. 통신 상품의 전달매체인 광케이블은 외부로 노출되어 서비스 되고 있고, 통신용 전달매체는 1970년에 만들어졌다. 그리고 실용화된 것은 1980년 초반 부터였다. 광통신용 전달매체가 만들어지게 됨으로써 장거리 광통신을 할 수 있게 되었다. 또한 기존 동축 케이블의 거리 제약을 해결 할 수 있었다. 그리고 통신 상품 전달 매체인 광케이블은 유리 섬유로 구성되어 있다. 유리섬유는 빛을 활용하여 다량의 데이터 전송을 세계 각국으로 전달해 주고 있다. 다량의 데이터 전송은 국가와 국가를 이어주는 해저 광케이블에도 사용되고 있다.

3. 통신네트워크 전달 매체의 장애 회복

세계의 각 국가들을 연결시켜 주는 통신 상품 전달 매체인 광케이블이 자연재해, 수많은 작업들에 의해 장애가 발생하게 되면 상당히 많은 장애 복구 시간이 발생한다. 특히 광케이블 장애는 유지보수 인력들이 직접 현장에 나가서 케이블 포설, 접속 등을 해야만 장애가 복구되기 때문에 많은 시간과 인력들이 필요하다. 외부의 환경요인은 현장의 여건에 따라 장애처리 유형도 많아서 광케이블의 장애 발생 후 처리까지 상당한 시간이 소요되고 있다. 그리고 네트워크 시설물이 정상적으로 복구되기 까지는 프로세스가 복잡하다. 또한 장애가 발생한 시설물에 주요 회선들이 수용된 경우 국가 기간망 통신인 행정망, 교육, 의료, 군사망 등을 사용할 수가 없어 경제적 손실과 국가 재난으로까지 발생 할 수 있어 빠른 시간 내에 복구를 해야 한다. 광케이블은 유리섬유로 만들어진 코아를 이용하여 장비들과 연결되어 서비스되고 있다. 또한 이렇게 서비스된 장비들은 초고속 인터넷, 전화, IPTV 등의 통신회선을 전달하는 매개체 역할을 한다. 광케이블 장애 유형 또한 다양한 환경 요인과 유지보수 인력들의 복구 시간의 차이가 발생하기 때문에 최대한 빠른 시간에 장애 처리를 할 수 있는 상황별 처리 지침이 필요하다. 시설물의 안정적 유지보수를 위해서는 경제성과 효율적인 측면을 고려해야만 고객 불만을 감소시킨다. 그러므로 고객 불만에 대한 적절한 처리는 고객과의 관계를 유지하고 발전시키는데 중요한 역할을 한다.

4. 통신네트워크 전달 매체의 장애와 생산 함수 모형

고객 불만에 대한 적절한 대처를 위해서는 네트워크 장애와 관련된 기술적 시스템 방법에 대한 내용들이 대부분이다. 기술적인 부분이외에 광선로 장애에 따른 처리 지연 시간과 예상 피해 고객의 관련한 내용에 대해서도 생각해봐야 한다. 이 두 가지 요인들은 고객 불만 증가의 영향과 관련이 있기 때문이다. 즉, 통신서비스 전달매체 장애로 인해 피해고객과 처리 시간에 대해서 설명하면 다음과 같다. 피해 고객이 많으면서 장애가 빨리 처리된 시간과 피해 가입자가 적은데 늦게 처리되는 시간에 대해 두 가지 요인들은 무차별한 관계가 있다. 무차별한 관계(Indifferential relationship)는 생산 함수 모형으로써 Douglas, P.H.가 수학자 Cobb, C.W.의 도움을 받아 수학적 모델 모형으로 구체화 하였다. 그래서 Cobb & Douglas(1928) 라는 생산 모형 함수가 나오게 되었다.

이를 광케이블 장애에 의한 피해가입자 규모와 장애처리 시간의 두 변수가 기술의 진보의 관점에서 설명할 수 있다. 통신 전달 매체인 광케이블은 하나의 코어 심선에 다수의 고객을 수용하게 되면서 장애가 발생하면 그 피해규모도 많아지고 고객 불만도 증가한다. 통신 산업의 기술의 진보는 복장한 시스템과 통신 시설물도 많아지면서 거대화 되고 있다. 통신 시설물들이 지속적으로 증가하고 시간이 지나면서 설비 노후와 예상치 못한 장애가 발생하면 막대한 시설물에 영향을 미치게 된다. 따라서 시설물에 대해 유지보수 인력과 시간에 따라 처리하는 업무량 등을 고려해야 한다. 현장에 투입된 광선로 유지보수 구성원들은 근무일 여부, 계절성, 작업 장애, 외부 공사, 코어 단선 등과 같은 관리 가능한 항목에 대한 유지보수를 하고 있다. 그리고 자연재해 등과 같은 관리 불가능한 항목들에 대해서도 현장 관리를 통해서 고객 불만을 줄이고자 노력하고 있다.

5. 통신네트워크 전달 매체 장애요인과 해법

(1) 광케이블의 증가와 장애 요인

광통신네트워크는 광케이블의 유리 섬유에 빛(Laser)을 이용해 대용량 정보를 전송하는 매체이다. 2000년대 초기에 초고속 인터넷 서비스가 도입되면서 초고속 인터넷 가입자 수요 증가하였다. 이로 인해 국가적 차원에서 정보통신망의 중요성이 강조되기 시작했다. 그리고 정부와 기간통신 사업자들이 이 분야의 집중적 투자와 연구개발을 이루면서 국내 광통신의 급격한 발전이 이루어지기 시작했다. 매년 광케이블을 사용한 매체들이 급격히 늘어나고 있으며, 특히 최근에는 국내 인터넷 보급률이 폭발적인 증가로 광선로 하나의 회선에 수백 기가(Gbps)까지 전송하고 있다. 국내 인터넷의 폭발적인 보급으로 인해 광선로 장애 발생과 그 파급효과가 문제되고 있다. 광선로 장애는 불특정 다수의 망 구축 구성원들의 작업 중 광심선 단선, 밴딩과 도로 공사, 상수도 공사, 전주 이설 등이 있다. 장애의 요인은 시설물이 외부 위험 요인들에 노출이 되어서 발생하기 때문에 효율적인 유지보수가 더욱더 어려워지고 있다. 더욱이 광케이블과 접속함체의 장애가 발생하면서 서비스를 제공하는 기업 차원에서는 장애 보수비용과 고객들의 주식, 은행 업무 등 많은 경제적인 손실을 주고 있다. 대부분 통신사들이 광케이블의 장애를 최소화하기 위해 효율적인 유지보수, 품질측정, 장애 최소화를 위해 광선로를 감시하는 시스템 개발이 필요하다.

(2) 광케이블의 장애 감시 시스템

통신 사업자들은 기업과 기업(B2B), 기업과 소비자간(B2C) 서비스 확장되고 있다. 그래서 광케이블 신규 구축 시 기존 케이블의 접속함체를 이용한 접속작업들이 증가하고 있다. 신규 구축 작업의 증가는 구축 접속 팀들의 부주의한 작업이 증가한다. 그 중에서 접속함체 내부의 광심선 접속을 하게 되면서 기존의 서비스되고 있는 광심선의 밴딩, 코아 단선 등 장애가 증가하고 있다. 하지만, 현장에서 이루어지는 광케이블 접속함체 내부에는 전기적인 신호가 없이 실시간으로 감시 할 수 있는 기능이 존재하지 않았다. 이러한 이유 때문에 불특정 다수의 사람들이 임의적으로 광케이블 접속함체를 개방 할 수 있다. 다시 말해서 광케이블 접속함체 내부를 제어 할 수 있는 트레이(Tray)나 어댑터(Adapter)등의 수동소자로 구성된 잠금 장치가 없다는 것이다. 그래서 외부의 작업은 통신사의 중앙 제어 국사를 통하여 연동이 되어 있지 않았기 때문에 언제든지 개방 할 수 있다. 또한 실시간으로 GIS, NMS, OTDR(Optical Time Domain Reflectometry) 등과 연계되어 광케이블 접속함체 위치까지도 중앙 제어 국사에서 감시 시스템이 존재하지 않았다. 예를 들면 광케이블 접속함체의 파손을 목적으로 개방했을 경우, 분기함체 내부의 광케이블이 단선될 때까지 알지 못해 사고 발생 후 복구 처리까지 상당한 시간이 소요되고 있다.

최근에는 정보통신망의 고도화에 따라 통신 사업자들이 가입자 댁내까지 광(Optical)망을 제공하고 있다. 가입자 댁내까지 광 통신 서비스 상품을 제공하기 때문에 가입자 인입 선로까지 실시간 감시 시스템을 적용하여야 한다.

감시 시스템을 적용하면 통신국사에서부터 고객 댁내까지 품질과 장애를 사전에 점검할 수 있어서 고객 불만을 줄일 수 있다. 기존 실시간 감시 시스템 연구들은 예비 코아(Dark fiber)를 이용하여 빛을 후면산란(Backscattering)으로 감시하는 시스템이다. 그러나 예비 코아(Dark fiber) 이용은 간선망(Feeder Network)의 B2B와 B2C회선 점유율이 높은 경우에는 사용하지 못하며, 후면산란 방법은 수동분배기(Splitter)를 설치한 FTTH(Fiber to the Home)망에서는 적합하지 않아 별도의 계측장비가 필요하여 기업의 투자비가 증가하는 문제점이 있다. 하지만 HFC(Hybrid Fiber Coaxial) 동축매체에서 FTTH망으로 고도화 되면서 기존 동축 서비스 상품을 이용한 고객들이 매체 변경이 지속적으로 이루어지고 있다. 고객 매체 변경은 가입자 증가에도 영향을 미치고 있다. 최근 국내 초고속망 서비스는 가입자 수가 포화상태이지만, FTTH망 서비스를 이용한 가입자 수요는 지속적으로 소폭 증가 하고 있다. 가입자 증가는 기존 동축망 서비스가 전기 설비를 이용하여 서비스를 진행하기 때문에 계절 영향을 많이 받아서 장애가 많다. 그래서 고객들은 광 통신 서비스 상품으로 매체 고도화가 이루어지고 있다. 광 통신 서비스 상품의 증가는 다양한 유형의 선로와 장비 장애뿐만이 아니고 고객 댁내 인입선 문제 등으로 고객 불만을 증가 시키고 있다. 이에 광가입자망도 감시를 할 수 있는 장치가 필요하나, 현재는 광선로와 수동분배기(Splitter)를 감시할 수 있는 장치가 없는 실정이다. FTTH 감시 장치는 기존 선로에 사용 중인 가입자의 광 Level을 보장과 실시간으로 다른 하향 파장을 사용하여 감시를 해야 한다. 왜냐하면, 광선로와 FTTH 선로에 서비스파장과 감시파장을 가입자망 수동 분배기(Splitter)에 반사필터를 설치하여 감시하는 방법이기 때문이다. 반사필터가 작동하기 위해서는 통신 국사 측에 커플러(Coupler)를 설치하고, 실제 광심선을 통해 단독세대 가입자 광모뎀(ONT)과 공동주택 가입자가 수용된 장비에 설치된 광커넥터에 반사필터를 설치하여 가입자 인입선 선로까지도 실시간으로 감시 할 수 있다. 또한 반사필터는 광가입자망 선로 감시뿐만 아니고, 대용량 가입자망 장비의 광선로까지도 감시하도록 현장에 적용하였다. 반사 필터를 광가입자망 단말이전의 커넥터와 공동주택에 설치된 광스위치 장비 커넥터에 설치하여 광선로를 실시간 감시 할 수 있게 하였다. 반사필터를 이용한 실시간 망 감시가 됨으로써 가입자 망측 장비와 선로의 장애의 원인을 정확히 알 수 있다. 그리고 통신 사업자들은 광선로 품질의 차별성과 효율적 유지보수를 할 수 있다. 또한 소규모 기업의 광선로까지도 실시간 감시가 가능하고, 광선로와 수동분배기(Splitter)손실 특성 등 문제 구간에 대해서 사전 예방 활동을 할 수 있다. 반사 필터를 사용하여 선로예방 활동을 하게 되면 사전에 품질이 불량한 곳을 점검함으로써 고객 불만을 줄일 수 있는 해법이 된다.

6. 통신네트워크 장애와 고객 불만 최소화 해법

통신 기업들은 시간이 지나면서 네트워크 장애에 대한 많은 경험과 학습을 하면서 보다 효과적으로 망운용을 하게 된다. 그리고 고객 불만은 경험과 학습효과를 습득하여 네트워크 장애 영향 요인들을 해결하기 위해서 소프트웨어 적용, 인력 투입, 장비 투자 등의 노력을 한다. 그래서 내·외부적 고객 불만 처리를 반복된 학습효과로 인해 해결방법을 습득한다. 고객 불만 해결방법은 네트워크의 소프트웨어와 하드웨어 교체 등 기술적 개선과 서비스 향상으로 시간이 지남에 따른 고객 불만의 감소를 확인할 수 있다. 고객 불만 감소에 대해서는 유선통신 서비스인 초고속인터넷, 전화, IPTV 상품을 대상에 대해 예를 들어 본다. 이를 위해서 Wright(2012)와 Henderson(1974)의 학습곡선(Learning curve)과 경험곡선(Experience curve)으로 이론적 배경을 설명하며, 경험곡선과 같은 모형인 지수감소모형(Exponential decay model)과 멱함수 법칙(Power law) 모델을 근거로 추정한다. 그리고 통신네트워크에서 광케이블 장애가 발생하면 통신 상품을 사용한 고객들의 불만이 접수가 되기 때문에 예상 피해가입자 규모와 복구 시간에 따라서 무차별한 관계로 증가하는 Cobb & Douglas(1928) 생산함수 모델을 적용한다. 이러한 학습곡선과 생산함수 모델을 통해 시간에 따른 고객 불만이 어떻게 나타나는지 통계적으로 설명을 한다. 또한 고객 불만을 줄이기 위한 해법으로 통신네트워크 감시 시스템에 대한 현장적용 사례를 추가 시켰다.

광케이블 감시 시스템은 광케이블 접속함체(Optical Fiber Closure)의 개·폐 작업을 통신회사 중앙관제에서 NMS 서버에서 경보를 발생하게 하였다. 그리고 장애위치 추적을 위해 OTDR과 시설물 위치를 확인 해주는 GIS시스템과 행정도면 등을 연동시켜 광선로 손실 변화와 위치를 실시간 감지하도록 구성했다. 또한 주기적으로 광선로의 상태를 측정, 분석함으로써 신속하고 효율적인 광선로 운용을 할 수 있는 방법을 제공한다. 그리고 광선로 구간별 손실 특성 등의 자료가 전산서버 DB에 저장되어 통계적인 분석 데이터를 제공하여 신뢰도 확보와 서비스 품질 향상을 할 수 있도록 했다. 광 접속함체 감시 시스템은 감시시스템 장비 1식, 기존 광케이블 접속함체 11개에 감시 장치와 예비 코아를 구성해서 현장적용을 수행하였다. 또한 FTTH 감시용 반사필터는 iOLM(EXFO) 장비 납품사와 반사필터 제조사의 시제품(Prototype)을 만든 제품이다. 그리고 실제 광 가입자망이 서비스 되고 있는 현장의 광케이블 접속 감시 함체와 FTTH 서비스 지역에 고객들이 사용하고 있는 전송망 시설에 적용된 내용을 기술하였다. 해당 네트워크 감시 시스템의 모든 실험은 국제 ITU-T 권고안에 기준을 근거로 하였다.

Chapter 02

통신네트워크 서비스별 고객 불만 요인과 학습곡선

1. 고객 불만의 정의와 해결 프로세스

고객 불만(Voice of customer)의 정의는 서비스를 제공하는 상품에 대해 고객들이 자신의 기대에 미치지 못한 제품, 서비스를 경험할 때 이다. Zeelenberg와 Pieters(2004)는 이런 경험이 "고객들에게 부정적 감정을 갖게 만들어 그 결과 고객 불만에 영향을 준다"고 하였다. 그러나 경쟁기업들에게는 타 기업의 제품 서비스 불만으로 인한 고객 불만이 중요한 전략적 기회이다. 대부분 기업들은 다양한 방법으로 고객의 불만을 듣고자 한다. 고객 불만이 수집되면 고객 지향적 R&D, 프로슈머 마케팅 등의 다양한 형태로 제품이나 서비스에 효과적으로 반영하고자 노력한다. 하지만 이런 노력에도 불구하고 기대만큼의 성과가 나타나지 않는다. 이와 같은 고객 불만은 Tse와 Wilton(1988)의 프로세스 관점에서 "기대와 성과간의 인지된 불일치에 대해 고객의 반응"과 같다고 정의를 할 수 있다. 고객 불만은 상담, 접수의 대부분이 전화 등의 통신매체를 활용하며, 직접 방문을 하는 경우에는 20% 정도에 그치고 있다. 기업의 고객 불만 처리 프로세스는 콜센터(Call center)와 같은 외부적 조직에 1차적으로 접수된다. 그리고 이런 외부적 조직에 의한 상담으로 고객 불만을 해결하는 프로세스과정과 해당 지역 부서로 원인 파악을 요청한다. 이렇게 지정된 부서에서는 각 분야별 구성원들에 의해 원인 분석과 다양한 아이디어 제공 등 내부적 프로세스 개선 활동으로 고객 불만을 해결한다.

2. 고객 불만의 경험에 의한 학습곡선 효과

고객 불만 최소화 프로세스는 반복적인 지식, 경험, 기술이 축적되면서 작업 효율성이 향상된다. 그리고 경험에 의해 투자하는 시간 등은 작업을 반복함으로써 줄일 수 있다. Wright(2012)는 "기업의 경험, 기술 등으로 소요되는 전체적인 비용들이 다양한 경험들이 축적됨에 따라서 비용을 줄일 수 있다"고 하였다. 이것은 고객 불만에 대한 다양한 경험이 학습을 하게 되어 마치 경험곡선효과(Experience curve effect)와 학습곡선효과(Learning curve effect)로 나타나서 고객 불만을 줄일 수 있는 것이다. 이런 효과는 기업의 비용 적으로 우위를 결정하는 아주 중요한 요인이다. 이는 Wright(2012)가 주장한 제조업에서 "누적 생산량이 매번 두 배로 증가함에 따라 평균비용을 일정한 비율로 감소시킨다는 개념이다. Wright(2012)는 단위 당 항공기 생산 비용이 누적된 생산량과 관계가 있으며 이를 학습곡선의 수학적 모델로 설명하였다. 이러한 이론이 개척되어진 단위 원가 모델은 BCG(Boston Consulting Group)[1]에 의해 1968년 Henderson이 일반화 시켜 경험곡선, 멱함수 곡선(Power law), Henderson의 법칙이라고 정의 하였다. 이 같은 경험곡선효과는 일찍이 1968년에 보스턴 컨설팅 그룹(Boston Consulting Group)에서 연구 발표한 이래 1970년대와 1980년대 초기까지 경영전략의 사고에 많은 영향을 끼쳤다. 기업은 낮은 비용으로 학습 경험효과를 활용하여 다양한 강력한 경영전력으로 사용하였다.

그림 1은 다양한 산업에서 10~25%에 경험곡선(Experience curves)효과를 나타내는 그림이다. 이러한 그림은 생산성과 효율성의 경제 학습과 조직, 산업, 학습 과정에서도 볼 수 있다. 일반적인 학습곡선 패턴은 곡선이 처음에는 가속화하고 실적이 개선을 하게 되면 둔화 되는 모형이며, 감소율은 20~30% 정도이고 여러 산업에 적용 할 수 있다. 경험곡선효과는 항공 산업, 냉장고 생산, 보험,

1) BCG(Boston Consulting Group)은 세계 43개국 78개 사무소를 운용중인 미국에서 가장 큰 민간 기업 중 하나인 글로벌 경영 컨설팅 회사이다(www.BCG.com).

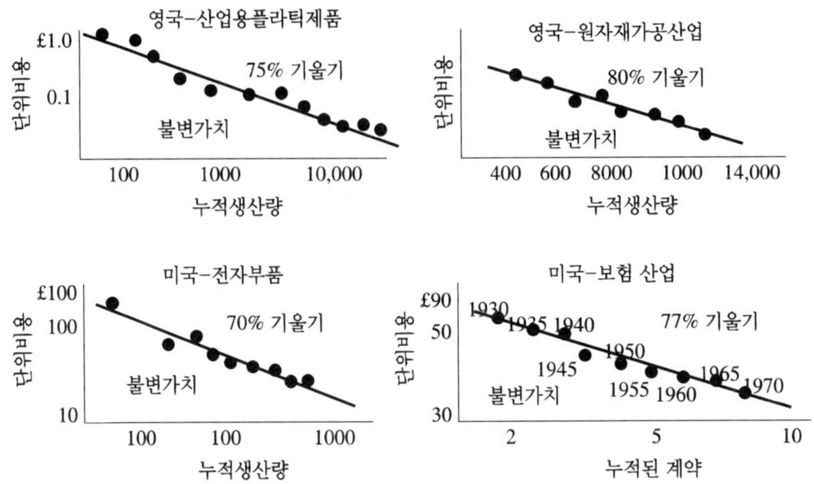

▌그림 1▐ 다양한 산업별 경험곡선효과

장거리전화 사업에 이르기 까지 누적 생산량이 증가함에 따라 규칙적으로 그 비용이 하락한다고 설명하였다. 이를 수식으로 표현하면 다음과 같은 등식이 성립한다. $C_n = C_1 n^{-a}$ 여기서 C_n은 n번째 단위의 생산비용이고 C1은 제품 첫 단위의 비용, N은 누적생산량, a는 생산량에 따른 비용의 탄력성을 나타낼 수 있다.

3. 학습곡선에 관한 이론적 설명

그림 2와 같은 학습곡선(learning curve)2)들은 누적생산량(경험)이 증가함에 따라 평균비용(단가)을 감소하게 하는 곡선이다. 제품의 누적생산량이 두 배로 증가할 때마다 한 단위 생산하는데 소요되는 평균시간은 일정 비율이 감소하는 이유가 학습 효과 때문이다. 이것은 학습곡선(learning curve) 비선형원가 함수에 대표적인 예가 된다. 즉, 생산량을 더 빨리 증가 시켜서 경험곡선효과를 최대

2) 학습곡선효과는 19세기 독일의 심리학자 헤르만 에빙하우스가 "과제를 수행하는 횟수가 증가할 수 록 같은 일을 하는데 드는 시간이 줄어든다."라고 주장하였다(이슬지 · 박만식, 2012).

한도로 활용하는 선도 기업들은 낮은 비용과 가격을 발판으로 사용하고 있다. 이로 인해 후발기업들이 결국 비용 상의 불리함 때문에 선도기업과 경쟁할 수 없게 된다. 그리고 경험곡선과 같이 생산량이 누적됨에 따라서 비용이 체계적으로 감소한다면, 경쟁기업에 비해 비용 우위를 가질 수 있는가의 여부는 누가 먼저 산출량을 늘릴 수 있는가에 달려 있다.

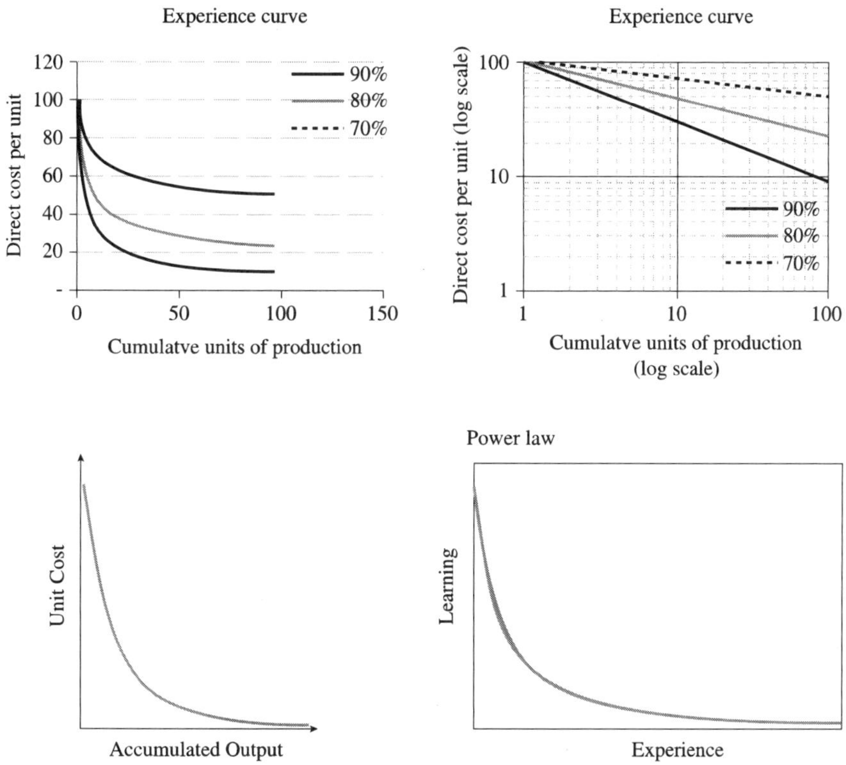

▌그림 2▌ 학습곡선에 대한 설명

경험곡선이 나타나는 효과는 제조 작업, 일반관리 업무에서 학습효과에 따른 능률 향상을 꼽을 수 있다. 노동집약적 업무나 공정이 다소 복잡한 제조업에서 그 효과가 크다. 기업들이 다양한 신제품 생산을 할 수 있는 것은 많은 학습효과로 습득한 경험 때문이다. 이렇게 습득한 경험은 제품 생산의 시간과 원가감소를 할 수 있게 한다. 제품 생산은 디자인, 마케팅, 기술 및 생산 활동과 세밀하게 조화를 이루어야 한다. 하지만 자원 등의 어느 한 부분이라도 쉽게 문제가 발생하게 되면 고원가를 초래 할 수 있어 계획하고 대비하는 것이 필요하다.

4. 고객 불만에 대한 서비스 패러독스

기업은 많은 경험으로 습득한 학습 효과로 인해 점차 제품에 대한 비용을 감속시키고 있다. 서비스 산업인 통신 상품도 다양한 고객 불만을 경험과 학습효과을 통해 줄일 수 있을 것이다. 하지만, 서비스 산업에 특성뿐만이 아니고 고객이 생각하는 제품 품질은 기업과 개인 간의 차이가 발생한다. 아무리 기업이 노력하는데도 불구하고 고객이 체감하는 서비스의 품질이 악화된다는 것은 아이러니라고 볼 수 있다. 이와 같은 현상을 이유재(2013)는 서비스 패러독스(Service Paradox) 현상이라고 하였다. 이런 현상을 극복하기 위해서 기업들은 경영의 모든 분야에서 고객 불만을 측정, 평가뿐만 아니라 관리하고 개선함으로써 정확한 측정을 하고 있다. 서비스 성과측면에서 서비스 패러독스는 기업 중심의 서비스 공업화(Service Industrialization)로 인해 서비스 질을 악화 시키는 주요인으로 볼 수 있다. 서비스 공업화의 한계점은 서비스의 표준화, 동질화, 인간성 상실, 기술의 진보 등을 따라가지 못하고, 기업에서는 전문가확보를 하는데 악순환이 반복되면서 서비스 품질이 떨어지기 때문이다. 최근의 기업들은 서비스 공업화 측면에서 고객의 소리를 전화 상담대신 ARS 시스템을 사용함으로써 고객이 길어진 ARS 대기 시간, 상담원과의 정확한 의사소통에 불편함을 느낄 수 있다는 것이다. 이러한 ARS의 단적이 예를 보더라도 기업 입장에서는 효율성 제고와 비용절감에 장점은 있지만 서비스의 인간적인 부분을 기계화로 대체됨으로 인해 고객의 기대가치를 높을 수가 없다는 단점도 작용하는 것이다. 이렇듯 서비스 실패가 심각하게 발생하면 고객의 기대 가치는 기업의 이득보다는 손해가 더

커서 심각한 서비스 실패가 된다는 것을 인지하여야 한다. 서비스 패러독스를 극복하기 위해서는 고객의 기대수준을 지나치게 포장하여 기대심리가 높아 불만족을 야기할 수 있다. 이러한 이유 때문에 서비스의 기계화로 인한 고객이 얻는 효과 측면에서도 고려해야 한다. 예를 들어 은행의 공과금 자동납부시스템 도입으로 대기 시간 절감, 24시간 이용 등 고객의 혜택이 새로운 시스템 도입에 따른 적응을 위한 학습 비용을 넘는지를 판단해야 한다.

5. 고객 불만을 줄이기 위한 학습과정

기업마다 고객 불만 성과관리 지표로는 등록 건, 입력주기나 평균처리시간, 데이터 분류에 대한 정확도, 처리 시간 준수율 등이 있다. 고객 불만은 여러 관리 지표 가운데 가장 집중적으로 관리해야 할 대상인 KPI(Key Performance Indicators)[3]이다. 즉, 핵심평가지표는 기업 내부 구성원들의 성과를 평가하지표로 활용되고 있다. 기업은 KPI달성을 위해 기업 내부의 고객만족(Customer Satisfaction) 전담조직인 TFT(Task Force Team)을 꾸려 아이디어를 발굴하고 개선점을 찾는다. 프로젝트 단위 팀은 기업 내 특정한 과제를 해결하기 위해 결성되어 한시적으로 팀별 구성원들이 모여서 고객 불만을 줄이고자 한다. 또한 회사 내 중대한 사안이 걸린 문제라면 TFT를 꾸려 팀원들과 함께 문제 해결 과정을 거친다.

통신서비스를 하는 기업들도 다양하게 요구되는 통신 서비스의 변화 측면에서도 고객 불만이 발생하는 많은 요인들이 존재한다. 즉 기존의 전화 서비스를 제공하는 음성 통신망의 사용은 급격히 줄어들고, 데이터 통신은 빠른 속도로 확대되고 있고, 이에 필요한 장비도 많은 종류가 출시되고 있으며 최근에는 ALL IP[4]

3) KPI는 조직의 목표 달성의 정도를 계량하는 지표이다(위키 백과).

4) ALL IP는 인터넷 프로토콜(IP)을 기반으로 하나의 IP망으로 통합되어 음성, 전화, 데이터, 미디어 등 서로 다른 망이 통합된 구조를 갖는 것을 의미 한다(한국정보통신기술협회).

기반의 통신망 서비스로의 변화가 진행되고 있다. 이러한 인터넷 기반의 서비스는 장비의 장애, 복구과정이 기업 내부의 근본적인 요인인 인력투입, 설비투자, 핵심적인 소프트웨어 적용과 외부의 계절적 요인이 있으며, 장애 복구는 장비 리셋이나 장비의 부품 교환, 소프트웨어 적용 등 복구 작업을 수행한다. 통신회사별 투자는 정보망, 교환망, 전송망, 가입자망, 선로 부분의 투자를 통해 가입자 신규 창출과 고객 불만 해결로 활용되고 있다. 그리고 통신 기업들은 인터넷, 전화, IPTV를 제공하는 장비들의 소프트웨어 솔루션 등을 통해 고객에게 통신 서비스를 제공하는 역할을 한다. 이러한 소프트웨어는 일반적으로 컴퓨터를 구성하는 하드웨어 운영체제 및 소프트웨어 솔루션 등의 개념들과 혼용되어 사용되고 있으며, 컴퓨터나 관련 통신 장치들을 동작시키는데 사용되는 다양한 종류의 프로그램으로 응용소프트웨어와 시스템 소프트웨어로 분류하여 정의 내릴 수 있다. 하드웨어, 소프트웨어 운용체계는 다양한 종류의 가입자 단말 등과 호환성 문제, 신기술, 서비스 방식 변경에 의해 지속적으로 고객 불만을 발생시키고 있다. 하지만, 이러한 과정들을 통해 기업들은 장애처리 등의 학습효과를 경험하면서 자연스럽게 고객 불만 시스템이 정착하게 되고 있다.

6. 통신망 장애 요인과 고객 불만 영향 요인 추정

유선 통신사는 초고속 인터넷, 전화, IPTV의 상품이 학습과정을 통해서 고객 불만을 감소시키는 요인이 무엇인지를 추정한다. 그리고 기업의 유입되는 고객 불만 데이터에서 단순한 정보변경과 전화 문의와 같은 건수는 제외시켰다. 예를 들어 서비스 상품별 요금, 계약변경, 부가서비스 등이다. 또한 고객 불만을 줄이기 위해 투입된 인력은 콜 센터에서 접수 받는 구성원이 아닌 고객 불만을 줄이기 위해 투입된 네트워크 엔지니어링 구성원들이다. 시간의 변수이외에도 기업 내부의 개선활동과 계절요인(Seasonal effect)인 여름철 전력수급과 태풍 및 집중

호우, 겨울철 폭설 등의 영향도 추가된다. 여름철 집중 호우, 전력난으로 인해 공동주택과 단독주택에 설치된 장비와 임대모뎀등이 정전과 침수 등의 장애가 발생하면, 고객 불만의 원인이 될 수도 있다. 그리고 태풍과 겨울철 폭설 등으로 전주 등이 무너져 내려서 광선로와 인입선 등의 단선으로 고객 불만이 발생하는 요인이 될 수 있기 때문에 계절 요인을 고려하여야 한다. 또한 계절 요인 등의 영향으로 인터넷 장비와 케이블 등이 장애가 발생하면 주말 휴일일 때는 교대근무 하는 인력들 있다. 하지만, 최소 인력들이 망측에서 장애 유무만 파악을 하고 있기 때문에 실제 출동한 사람들은 집이나 외부 지역에 나가 있을 경우에 장애 지점으로 출동하는데 시간이 증가하여 고객 불만 대응에 늦게 된다. 월간 평균적으로 21일이 근무일이다. 단, 국경일 같은 휴일이 발생하게 되면 근무일은 줄 수도 있다. 근무 일수, 계절요인 등의 변수들을 포함하여 지수 감소 모델(exponential decay model) 곡선을 사용하여 4개의 모형으로 설정하면 다음과 같다. 지수 감소 모델은 Grant(2010)가 주장한 학습곡선 개념의 $C_n = C_1 n^{-a}$ 여기서 C_n은 n번째 단위의 생산비용이고 C1은 제품 첫 단위의 비용, N은 누적생산량, a는 생산량에 따른 비용의 탄력성을 나타내어서 사용하여 4개의 모뎀에 적용하였다.

식(1), (2)의 Model의 종속변수는 고객 불만 건수이며, 식(3), (4)의 종속변수는 고객 불만 건수를 투입인력으로 나눈 투입 인력대비 고객 불만 건수로 정의할 수 있다. 또한 통신 상품별 투입 인력 수, 소프트웨어 적용 여부, Network망 투자(금액)에 따른 고객 불만 변화를 검증하였다. 식(1), (2)은 근무 일수(Workday)와 계절적 요인(seasonal effect)만을 포함한 모형이다. 그리고 식(3), (4)는 (1), (2)의 모형에 인력투입(manpower) 등을 수식에 추가한 것이다.

$$\text{Model 1}: \quad voc_t = \alpha \cdot Workday \cdot (1 + r \cdot seasonaleffect) \cdot e^{\beta \cdot t} \tag{1}$$

Model 2 : $voc_t = \alpha \cdot Workday \cdot (1+r \cdot seasonaleffect) \cdot e^{\beta \cdot t + \sum_{k=1}^{k} \lambda_k \cdot \chi_{k,t}}$ (2)

모형 3, 4는 서비스별 투입 인력대비 인구 1,000명당 고객 불만 건수를 분석에 대상으로 하였다. 이는 고객 불만을 담당하는 구성원 당 고객 불만 건수를 통해 실제적으로 인력이 더 투입될수록 고객 불만 건수가 늘어나는 현상을 통제하기 위함이다. 그리고 인력은 고객 불만 개선을 위해 투입된 네트워크 구성원이다. 지금까지 대부분의 통신서비스 고객 불만 관리는 전체 건수로만 관리하여 왔다. 추가 고려한 변수는 서비스별 투입 인력 수, 소프트웨어 적용 여부, 투자(금액, 억 원)로 품질 불만 고객 감소를 위한 노력의 변수이다. 모형 추정방법은 비선형 최소자승법(Nonlinear Least Squares)[5]으로 하였다. 추정계수의 초기치는 모두 "0"으로 하였다.

Model3 : $\frac{voc_t}{manpower} = \alpha \cdot Workday \cdot (1+r \cdot seasonaleffect) \cdot e^{\beta \cdot t}$ (3)

Model4:

$$\frac{voc_t}{manpower} = \alpha \cdot Workday \cdot (1+r \cdot seasonaleffect) \cdot e^{\beta \cdot t + \sum_{k=1}^{k} \lambda_k \cdot \chi_{k,t}} \quad (4)$$

최소자승기준은 $\min\sum(y_i - \widehat{y_i})^2$ 여기서 yi=i번째 종속변수의 관측치 yi=i번째 종속변수의 추정치이다.

5) 최소자승법은 칼 프리드리히 가우스(Carl Friedrich Gauss, 1777-1855)가 회귀식을 추정하기 위해 표본 자료를 이용하는 방법을 제안하였다.

7. 통신 서비스 상품별 고객 불만에 관한 모형 설명

4개의 연구 모형은 특정 통신사의 유선통신 서비스 상품별 최근 3년(2011년~2013년) 동안의 고객 불만 건수를 수집하여 분석 하였다. 그림 3의 a)는 통신 상품별 36개월간의 고객 불만을 도식화한 것이다. 초고속인터넷과 전화의 서비스 시작일은 1999년 4월, IPTV는 2006년 7월이다. 그리고 b)는 더미변수로 정의한 계절요인으로 정전, 태풍, 집중호우, 폭설 등 총13개월이었다. c)의 네트워크 작업과 장애는 전체 고객 불만 비율이 36개월 평균 1.58%, 1.75%이었다. 초고속인터넷에서 고객 불만을 줄이기 위한 인력 추가 투입이 2회 발생했으며, 소프트웨어는 32회 월 단위 적용, 투자는 353억 가량 투입 되었다.

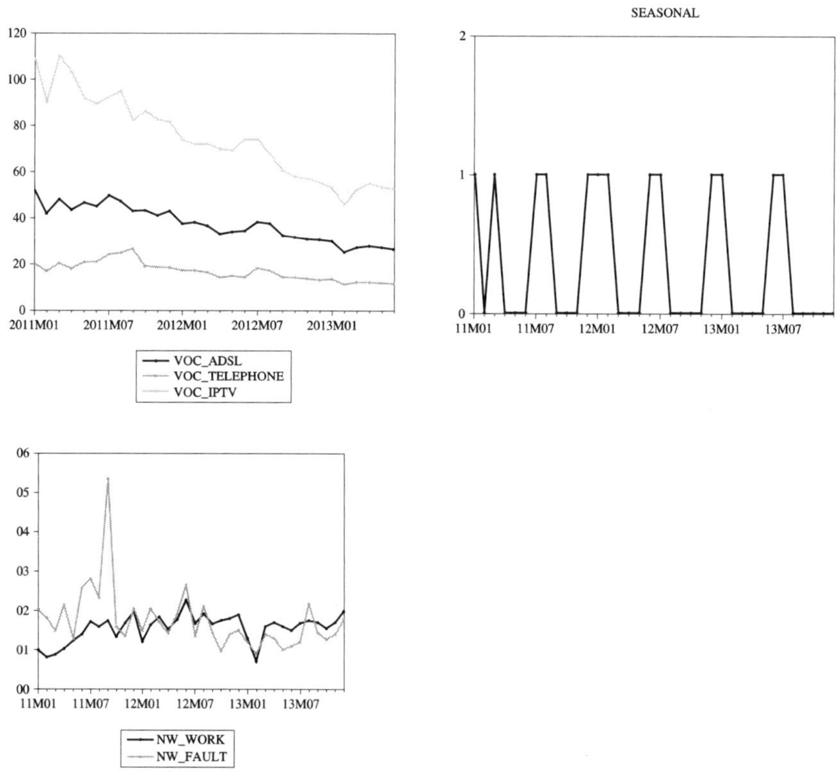

▎그림 3 ▎ 통신 상품별 개선과 외부요인에 의한 고객 불만 변화추이

표 1에서는 서비스 상품별 투자 금액의 활용을 고객 불만의 근본적인 원인 개선을 나타내고 있으며, 세부 항목별로는 Network의 백본장비와 광선로, 가입자망 단말 등에 대한 예산 수립을 하여 집행하는 것을 볼 수 있다. 예를 들어, 백본장비 고도화와 소프트웨어 적용, 장비 이원화 등에 망 품질 안정화에 투자를 한다. 그리고 노후망인 동축망(HFC)은 능·수동 소자 교체나 FTTH (Fiber to the Home) 매체 전환 공사 등에 투자하고 있다. 가입자망 측면에서는 IPTV의 스마트 셋탑 박스, VoIP 전화기와 모뎀 교체 등에 신규 장비 도입하는 등의 투자가 되고 있다. 이러한 활동은 다년간 경험한 망측 장애와 고객 불만의 근원적인 원인을 찾고자 하는 노력과 장애처리를 함으로써 습득하게 된 학습 효과라고 할 수 있다. 최근에는 유선통신사의 미래 성장 동력을 IPTV와 같은 미디어 서비스 산업에 초점을 두고 있다. 그래서 투자 비율도 점진적으로 IPTV의 장애 최소화를 위해 투자 유형 비율도 변경될 것이다.

| 표 1 | 통신 서비스별 투자 유형 구성

상품	투자 유형	비율
초고속 인터넷	백본서비스 Before Service 활동(DDos 대응), 백본망 개선(대용량 스위치, 라우터), HFC(동축)망 노후 소자교체, 트래픽폭주 구간 분할 작업, 매체 고도화(HFC에서 FTTH), 단말 기능 보완 및 성능 개선 펌웨어 업그레이드, 광선로 이원화 및 증설.	45%
전화	인터넷 전화 DDos 대응강화를 위해 시스템보완, 인터넷 전화 단말 및 장비 시스템 기능개선.	20%
IPTV	신규 스마트 셋탑 도입, 셋탑 박스 기능 개선 펌웨어upgrade, HFC망 노이즈 제거.	35%

8. 통신 서비스 상품과 고객 불만 모형의 추정 결과

모형추정결과, 조정결정계수(Adjusted R2)의 적합도(goodness of fit)[6]는 전화 매체를 제외하고 0.89이상을 모두 만족하는 것으로 나타났다. 표 2, 3, 4에서 서비스 상품별 4개의 모형을 각각의 서비스별로 정리하였다. 모형 1의 계절요인이 전화와 IPTV는 고객 불만을 증가시키지 않았다(유의하지 않음). 반면 초고속 인터넷의 계절요인(정전, 태풍, 집중호우, 폭설)이 발생하면 고객 불만을 증가시켰다. 전화는 Network 장애, IPTV의 인력투입만 고객 불만을 증가시켰다(확률 .05보다 작아 유의함).

| 표 2 | 초고속 인터넷의 고객 불만 영향과 학습곡선 추정 결과표

	Model 1	Model 2	Model 3	Model 4
α	53.545***	48.623***	0.613***	0.987***
계절요인	0.042**	0.044**	0.052	0.045**
시간추세	-0.021***	-0.022***	-0.025***	-0.023***
인력투입	-	0.0008	-	-0.0062
소프트웨어 적용여부	-	-0.0006	-	0.0023
투자금액	-	1.747	-	-0.00006**
네트워크작업	-	3.041	-	3.51104
네트워크장애	-	1.246	-	1.10834
Adj-R2	0.94	0.94	0.90	0.95
관찰치 수	36	36	36	36

주) *** p< 0.01, ** p< 0.05, * p< 0.1

주) Model 1, 2의 종속변수는 고객 불만 건수이며, Model 3, 4의 종속변수는 고객 불만 건수를 투입 인력으로 나눈 투입인력대비 고객 불만 건수임.

6) 적합도(goodness of fit)검토란 분석하고자하는 데이터가 주어진 가정 사항을 잘 만족하는지 검토하는 것이다(원태연 · 정성원, 2010).

표 2는 초고속 인터넷 변수의 추정결과이며, 시간에 따른 고객 불만 감소가 학습곡선에서 유의하게 추정되었다. 즉, 고객 불만이 학습곡선에 따라 감소하는 것을 알 수 있다. 그리고 학습 곡선 감소 속도는 −0.023으로 높게 나왔다. 모형 1, 2, 4의 계절(seasonal) 요인과 모형 4의 투자금액만 유의하였다. 즉, 모형2, 4에서는 계절 요인과 투자에 대해서만 유의하였고, 인력투입, 소프트웨어 적용, 투자, 네트워크 작업, 네트워크 장애는 유의미한 결과를 보이지 않았다.

| 표 3 | 전화의 고객 불만 영향과 학습곡선 추정 결과표

	Model 1	Model 2	Model 3	Model 4
α	24.55***	0.876	0.316***	0.066
계절요인	0.037	0.043	0.040*	0.046
시간추세	−0.022***	−0.012**	−0.018***	−0.013**
인력투입	−	0.039	−	0.012
소프트웨어 적용여부	−	0.034	−	0.029
투자금액	−	−0.033	−	−0.029
네트워크 작업	−	1.452	−	0.854
네트워크 장애	−	10.40***	−	10.45***
Adj−R2	0.75	0.88	0.70	0.84
관찰치 수	36	36	36	36

주) *** p< 0.01, ** p< 0.05, * p< 0.1

주) Model 1, 2의 종속변수는 고객 불만 건수이며, Model 3, 4의 종속변수는 고객 불만 건수를 투입 인력으로 나눈 투입인력대비 고객 불만 건수임.

표 3은 전화(Telephone)변수의 분석결과로, 학습곡선에 따라 시간변수가 유의하여 고객 불만이 감소함을 알 수 있다. 그리고 전화(Telephone)서비스의 추정된 회귀계수의 유의확률을 보면, 모형 2, 4는 Network 장애 변수만 유의하고, 인력투입, 소프트웨어 적용, 투자, 네트워크 작업 변수는 유의미한 결과를 보이지 않았다. 이러한 Network 장애 변수는 고객 불만 증가에 영향을 미침을 알 수 있다. 다른 서비스매체보다 전화 서비스는 오랜 기간의 기술력과 서비스의

바탕으로 서비스의 성숙기 때문이기도 하며, 유선전화는 이동전화로 보편화 되어가고 있어서 집전화의 음성서비스에서 이동전화의 음성과 데이터서비스 중심으로 전환되고 있기 때문이기도 하다. 따라서 전화 서비스는 시간에 따른 학습효과로 고객 불만 감소와 더불어 Network 장애만이 고객 불만을 증가시키는 것을 알 수 있다.

| 표 4 | IPTV의 고객 불만 영향과 학습곡선 추정 결과표

	Model 1	Model 2	Model 3	Model 4
α	21.77^{***}	18.17^{***}	0.578^{***}	0.975^{***}
계절요인	0.028	0.022	0.027	0.017
시간추세	-0.026^{***}	-0.026^{***}	-0.028^{***}	-0.027^{***}
인력투입	-	0.004^{***}	-	-0.015^{***}
소프트웨어 적용여부	-	0.002	-	0.009
투자금액	-	0.000	-	0.001^{*}
네트워크작업	-	-2.371	-	-1.53
네트워크장애	-	0.646	-	0.530
Adj-R2	0.955	0.96	0.903	0.973
관찰치 수	36	36	36	36

주) *** $p< 0.01$, ** $p< 0.05$, * $p< 0.1$

주) Model 1, 2의 종속변수는 고객 불만 건수이며, Model 3, 4의 종속변수는 고객 불만 건수를 투입인력으로 나눈 투입인력대비 고객 불만 건수임.

표 4는 IPTV변수의 추정결과이다. 분석결과 시간에 따른 변수가 학습곡선에 유의하게 추정되었다. 그리고 모형 2의 인력투입 변수가 정의 방향으로 유의하였다. 이는 인력투입 변수가 고객 불만 증가에 영향을 미치며, 반대로 모형 4의 고객 불만은 인력당 건수를 인력이 추가 될수록 고객 불만이 감소(-0.015)함을 알 수 있다. 이에 단순히 전체 고객 불만 건수뿐만 아니라 투입인력 대비 고객 불만 건수를 경영의 지표로 고려해야 한다. 그리고 고객 불만 감소를 위해 투입하는 노력의 효과를 평가하는데 도움이 될 것이다. IPTV는 기존 Cable TV 유선

방송사 대비 늦게 출시되었고, 고객들의 눈높이도 유선케이블 TV 품질에 맞추어져 있어 전체 고객 불만 건수도 많고, 1인당 고객 불만도 많으며, 학습곡선의 속도도 세 서비스 중 가장 감소 속도(-0.027)가 빠르다. IPTV 기술은 기존의 초고속인터넷, 멀티미디어, 통신네트워크 기술 등과 융합된 망이다. 그리고 인터넷, 방송과 Web기술 등 콘텐츠를 제공 받아 서비스하는 곳이며, 콘텐츠 서버간의 품질 보장이 안 되어 있어 잦은 장애로 인한 고객 불만 증가에 영향을 미친다. IPTV의 셋탑 박스 기술인 비디오와 화면 압축 기술 등의 문제 또한 다양한 채널(스포츠, 오락)의 화면 화질, 부팅 시간과 디자인 등의 문제점으로 고객 불만이 증가한다. 또한 방송 채널별로 소리의 차이와 리모컨 조작 문제 등 단말기 불량으로 인해서 고객 불만도 증가한다. IPTV의 고객 불만을 감소시키기 위해서는 Network 안정성, 다른 기기와 호환성, 표준화, 전송 품질 등의 기술적 조건들이 갖추어져야 한다.

9. 통신망 장애에 따른 고객 불만 유의성과 시사점

통신네트워크 서비스의 고객 불만을 줄이기 위해서는 네트워크 망장비, 광선로, 가입자망 선로와 단말 등 다년간 운용한 경험과 학습 효과를 통해 설명할 수 있다. 그리고 통신사의 실제 현업에서 운용되고 있는 네트워크 장애를 줄이기 위한 방법들이다. 다양한 방법들은 시간이 지나면서 경험하고 학습하면서 보다 효과적으로 망운용과 네트워크 장애를 줄일 수 있는 방법론에 대해서 학습곡선 측면의 고객 불만을 줄일 수 있는 경영학적 접근이다. 통신 기업들은 통신 서비스 상품인 초고속인터넷, 전화, IPTV가 시간에 따른 학습에 의해 고객 불만이 감소한다(통계적으로 유의함).통신서비스 상품별 고객 불만 건수와 기업 내·외부의 시스템화, 인력 투입, 투자 등이 시간에 따른 고객 불만 감소에 영향을 주었다. 그 결과 이론적 시사점은 다음과 같다. 첫째, 통신 서비스 상품별 고객 불만의 감소에 따른 학습곡선에 미치는 영향에 대해 지수감소모형(exponential decay model)[7]을 통하여 실증적으로 검증 할 수 있었다. 그리고 통신사들은 시간에 따라 학습 곡선 측면에서 고객 불만이 감소함을 알 수 있었다. 둘째, 통신서비스 상품별 경험곡선에 의해 인력투입과 소프트웨어 보완, 투자 등을 전략적으로 적용해야 고객 불만을 줄일 수 있다. 셋째, 고객 불만은 기업측면에서 많은 정량적인 데이터로 축적되어 있다. 축적된 데이터는 단순한 측정과 평가뿐만 아니고 계절적 요인과 관리하고 개선함으로써 정확한 측정이 이루어질 수 있다. 기업 내부에 고객 불만 성과관리 지표는 등록건, 입력주기나 평균 처리시간, 데이터 분류에 대한 정확도, 처리시간 준수율 등 이다. 기업 내 여러 관리 지표 가운데 가장 집중적으로 관리해야 할 대상인 핵심평가지표라고 할 수 있다. 그리고 기업이 고객 불만을 줄이기 위해 TFT인력 투입을 하게 되면 오히려 고객 불만을 증가 시킬 수도 있다. 고객 불만 증가 현상은 기업이 전체 고객 불만 건수로 관리하는 방법에서 투입 인력당 건수로 지표를 추가하여서 관리하며, 고객 불만 감소를 위해서는 투입하는 노력의 효과로 평가하는데 새로운 지표를 고려할 수 있다. 통신사들은 고객 불만을 줄이기 위한 노력들이 실제 고객 불만이 감소하는지는 의문이 있다. 그 노력은 크게 TFT를 통한 인력의 지원, 장비에 대한 소프트웨어 적용, 시설물 투자에 대한 검증인 것이다. 고객 불만의 건수와 시간과의 관계를 기존의 학습곡선을 통해 고객 불만이 감소되는 4개의 모형을 객관화 하도록 하였다. 그리고 통신네트워크 서비스 상품별 다양한 변수는 고객의 체감 품질을 높이고 있지만, 오히려 지속적으로 감소하지 않는 서비스 패러독스(Service paradox) 현상이 발생하는 것을 알 수 있었다. 다음은 통신 상품별 서비스 제공을 위한 전송로 구간인 광케이블이 장애가 발생하였을 때 고객 불만과 관련된 변수들이 무차별한 관계에 대한 생산함수에 대해서 이야기 하겠다.

---

7) 지수감소모형(exponential decay model)은 멱함수 법칙(power law)으로 설명 할 수 있으면, 경험곡선과 비슷한 모형을 나타낸다(Grant, 2010).

Chapter 03

통신네트워크 장애와 생산함수

1. 통신네트워크 장애와 고객 불만

통신네트워크 장애는 가입자 단말과 스위치 장비의 문제로 인한 장애가 대부분이다. 이러한 유형의 장애 복구는 장비의 리셋이나 부품 교체 등으로 해결하거나 통신실에서 NMS[8]화면을 통해 몇 개의 명령어를 통해서 장비 장애를 복구하는 경우가 많다. 하지만, 통신망 장비에 비해 외부로 노출되어 있는 광케이블 같은 경우는 유리 섬유에 광파장의 채널을 통해서 정보전송을 하는 구조로 되어 있다. 그리고 광케이블은 지중이나 가공에 구축되고 있으며, 외부에 노출되어 자연 재해와 작업자에 의한 손상이 발생될 수 있는 취약점을 갖고 있다. 또한 광케이블 장애는 기후의 악천후, 서비스 시간 지체, 작업 오류에 의한 인적과실 등으로 인해 기업의 고객 서비스에 심각한 영향을 미친다. 이에 기업 내부의 구성원 간 의사소통과 악천후에 대비하는 프로세스, 작업자의 사전 교육 등 지속적인 노력이 필요하다. 외부로 노출된 광케이블 손상은 작업자가 직접 현장 출동해야만 장애 처리를 진행할 수 있어, 이때 노출된 광케이블 용량, 설치 위치와 출동 거리 등의 제약으로 인해 장애 처리 시간의 지연이 발생한다. 따라서 예상 복구 시간의 지연으로 인해 광케이블이 정상적으로 복구될 때 까지 B2B, B2C 고객 불만은 지속적으로 발생한다. 고객 불만을 적절히 해결하기 위해서는 장애

---

8) NMS(Network Management System)은 통신 기업들의 네트워크 망 장애관리를 하는 시스템 (전덕영 등, 2008).

처리를 가능한 빨리해야 한다. 신속한 장애처리를 위해서는 유지보수 인력과 시간 투입이 요구된다. 정보통신 기술의 발전은 생산량 증가와 시장의 상품과 서비스가 넘쳐나면서 소비자 입장에서는 선택의 대안이 날로 증가하고 있다. 따라서 서비스 판매 증대를 위해서 기업은 고객만족 경영과 고객 불만을 최소화하기 위해 많은 인력과 시간을 투입하고 있다. 고객 불만은 경쟁사의 고객만족 경영으로 고객이탈이 생기며 신규로 고객을 유치하는 데 소요되는 비용은 기존의 고객을 유지하는 것보다 높은 교체 비용이 발생 한다.

2. 생산 함수의 수학적 이론 설명

기업은 고객 불만을 줄이기 위해 인력과 시간 투입을 통해 업무의 생산성과 효율화를 향상 시켜서 학습효과를 통해 고객 불만을 줄일 수 있다. 이러한 생산성은 노동과 자본에 의해서 결정된다. 그리고 Cobb & Duglas(1928)는 생산된 모든 제품의 가치와 구성원이 일하는 시간의 총수와 관련된 노동투입량, 장비, 기계 등의 실제 고정 자본량으로 정의하였다. 이러한 정의는 생산함수의 관점에서 접근한 것이며, 통신사의 고객 불만은 광케이블 장애로 인해 예상 되는 피해고객과 장애처리 시간으로 변환하였다.

광케이블 장애는 인터넷, IPTV, 전화 등의 통신서비스를 제공할 수 없게 만든다. 왜냐하면 통신회사에서 제공되는 수많은 정보의 데이터를 통신 장비를 연결 시켜주는 역할을 광케이블이 하기 때문이다. 광케이블 장애로 발생한 피해고객과 장애처리 시간의 두 변수는 고객 불만을 증가하게 만들어서 무차별한 관계가 성립된다고 할 수 있다.

생산함수는 생산 요소 양과 시간의 관계에서 이 기간 동안 생산 되는 모든 제품의 가치인 총 산출량의 관계를 Cobb & Douglas(1929) 생산함수라고 정의 하였다. Cobb & Dougals(1928) 생산함수는 정태적으로써 전체소득에서 노동 소득과 자본 소득 비율이 거의 고정되어 있는 것으로 간주하였고, 소득 불평등이 심화되고 있는 현재에 비교적 둔감하다. 그러나 최근 노동소득과 자본소득이 시대와 상황에 따라 달라질 수 있는 동태적 접근법으로 재해석 되고 있다. Douglas, P.H.(1934)는 수학자 Cobb, C.W.의 도움을 받아 미국 제조업의 1879~1922년에 생산함수를 구체화 하여 Q=BLkK1-k(단, k=0.75, b=1)이라는 수학적 모델식을 얻었다.

위 식을 변형하면 logQ=logb+klogL+(1-K)logK을 얻을 수 있고, 양변을 L에 관하여 편미분하여 k라는 산출량의 노동탄력성과 노동의 한계 생산성을 계측할 수 있다. 즉 노동자 일인당 생산량 k는 시계열자료에서 그 값이 추정되므로 노동의 한계생산성의 값을 구할 수 있다. 마찬가지로(1-k)는 산출량의 자본탄력성이고 자본의 한계생산에 의하여 측정된다.

생산기술에 진보가 생기면 투입량과 산출량 사이에 변화가 존재한다. 이러한 변화에 대해서 수학적으로 변형시켜보면 Q=A(t)f(L, K) 여기서 A(t)는 기술의 진보에 의한 영향을 반영하고 있고 t는 시간 변수이다. 이는 시간의 경과에 따라서 기술 진보가 발생한다는 의미이다. 즉, 기술진보로 인해 A(t)의 값이 커지면 노동과 자본 투입량이 변화가 없어도 산출량의 증가가 일어나게 된다. Cobb & Douglas(1928)는 시간과 생산요소의 양과의 관계에서 그 기간 동안 생산하는 최대한 산출량의 관계를 생산함수로 나타냈다.

Y는 총 산출량(년에 생산된 모든 제품의 가치), L은 노동투입량(년에 일한 사람-시간의 총수), K는 고정 자본량(모든 기계, 장비의 실제 값), B는 상수항, k, 1-k는 결정 상수로 정의하였다. 등량곡선은 좌표평면 상에서 노동과 자본을 변수로 나타낸다. 그리고 두 변수를 연결한 곡선이 동일한 양의 재화를 생산하는 것을 의미한다.

소비자 이론에서 무차별곡선은 효율의 극대화를 달성하기 위해 필요한 개념이라면, 생산자 이론에서의 등량곡선은 산출량의 극대화를 이루는 점을 찾기 위한 개념이다. 그림 4에서 기술진보의 발생은 특정 산출량(Q0)을 가져다주는 등량곡선을 원점 쪽으로 끌어들이는 결과를 가져온다. 기술진보로 말미암아 예전보다 더 적은 생산요소 투입량을 가지고도 예전과 같은 산출량의 실현이 가능해지기 때문이다.

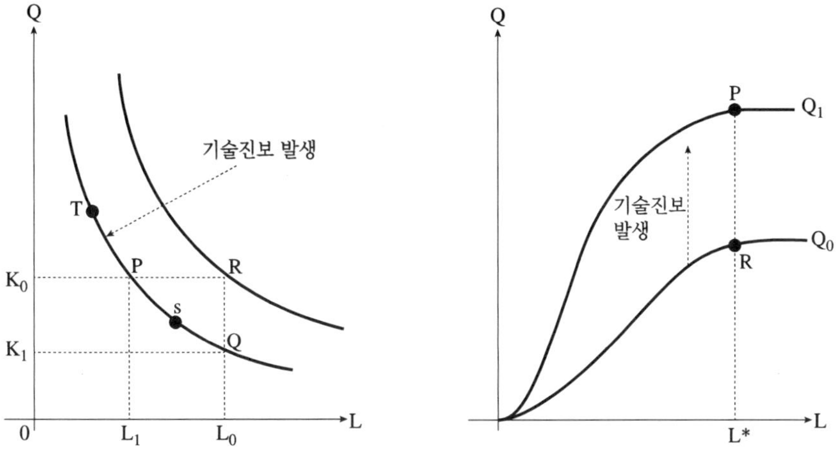

▌그림 4▐ 기술진보 함수

그림 4는 노동만이 가변 생산 요소이고 자본의 양은 고정되어 있는 경우인데 기술진보가 있기 전의 생산함수는 Q_0이고 기술진보이후의 생산함수는 Q_1이다. b)는 자본과 노동이 가변 요소인 경우 기술진보 이전 Q_0 기술은 진보 이후에 Y재에 대한 등량 곡선이다. 기술이 진보할 경우 단기적 측면에서는 밖으로 이동, 장기적 측면에서는 안쪽으로 이동한 P점에는 자본량이 종전과 같지만, 노동량 L_1, L_0만큼 절약된다. 적은 노동으로 생산할 수 있게 하는 기술 진보를 노동 절약적 기술진보라고 한다. Q점에서는 노동량이 종전과 같지만, 자본량이 K_0, K_1만큼 절약된다.

그림 5는 함수의 단조성을 수학적 미분을 이용하여 판별한 것이다. 생산함수에 대해 세 가지 형태로 더 높은 효율성은 더 높은 확률 밀도 상황으로 나타난다. 즉, 이것을 단조 감소와 단조 증가로 정의 할 수 있다. 그리고 효율성 추정에 있어서 k는 $0 < \lambda < 1$, $\lambda > 1$의 전 구간에서 증가하지 않으면 단조감소 또는 감소하지

않으면 단조증가를 한다. 만약 λ=1일 경우 k는 균일한 구간에 분포한다. 생산함수는 제조 산업에서 많이 적용이 된다. 그리고 제조업은 자본과 노동에 따라 전체 산출량이 많은 영향을 미친다.

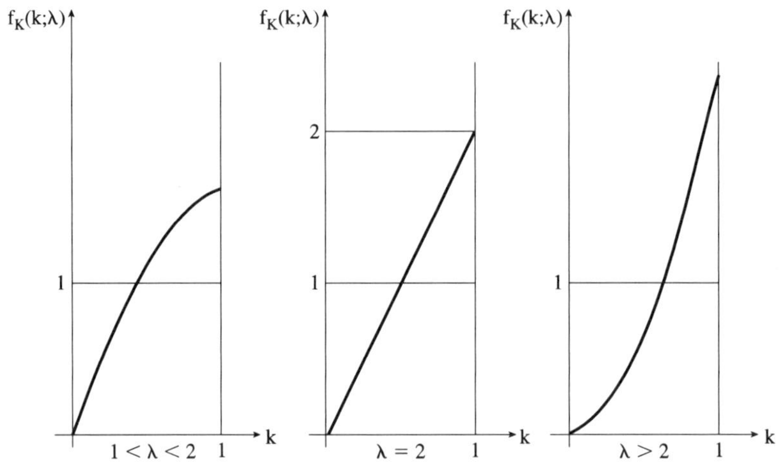

❙그림 5❙ 생산함수 세 가지 형태

최근에는 생산기술의 진보가 투입량과 산출량 사이에 변화를 하게한다. 생산기술의 변화는 산업의 발전으로 인해 신기술이 도입이 되면서, 기술의 진보에 의한 영향이 시간으로 인해 발생된다. 기술의 진보가 증가하게 되면 노동과 자본 투입의 변화가 증가됨으로써 전체 산업의 산출량에도 영향을 미쳐서 증가하게 만든다. 기술의 진보는 정보통신 산업의 분야를 선도하고 있는 동축 매체를 이용한 서비스에서 광통신으로의 발전으로 설명한다. 이러한 광통신망의 발전은 기술 진보를 위해 노력한 기술자들로 인해 광파이버 통신망을 구축해 놓았기 때문이다. 광파이버 통신망은 가늘고 약하기 때문에 그대로 외부의 어려운 환경에서도 견디기 어렵지만 자연계에 사용할 수 있도록 하는 기술의 진보를 이루었다. 기술의 진보는 광케이블 접속 함체, FTTH 가입자망의 감시 장치를 이용하여 광선로 장애 발생 했을 때 예상복구시간과 작업자 오류 등을 줄일 수 있어 고객 불만을 줄일 수 있다.

3. 통신네트워크 장애에 따른 고객 불만 요인 추정

통신망 네트워크 생존성(Network Survivability)은 장애 발생, 유지관리 하는 능력이다. 그리고 네트워크 장애로 부터 서비스 중단 시간 최소화 등에 대해 Cobb & Douglas(1928) 생산함수를 이용하여 고객 불만에 대해서 추정하는 것이다. 네트워크 장애는 장비 장애와 외부에 노출된 광케이블 장애로 크게 구분할 수 있다. 물론 자연재해, 전원장애 등도 있지만 이러한 요인을 제외하면 대부분 장비 장애와 광케이블 단선이 발생하여 고객들에게 통신 서비스를 제공을 못하는 경우 이다. 통신네트워크 시설물 장애로 인해 통신서비스를 제공을 못 받아서 고객 불만이 증가하는 요인이 된다. 그리고 광케이블 장애는 통신 상품을 이용하는 고객 규모와 처리 지연 시간에 따라 고객 불만이 증가하는 요인이다. 또한 장애처리를 하는 유지보수 구성원들의 근무 요일(Work day)과 계절에 따라 고객 불만 증가 요인이 다르기 때문에 이에 대한 검증도 필요하다. 추가로 작업자 부주의로 인한 장애, 외부공사, 코어 단선 및 밴딩 등과 자연재해, 차량추돌, 화재 등의 변수에 대해서도 포함하였다. 그리고 변수 항목의 장애는 피해규모와 처리 시간에 따라 차별이 없는 무차별한 관계(indifference relationship)로 고객 불만이 발생한다. 일명 Cobb & Douglas(1928)의 생산 함수 연구 모형과 같은 수학적 함수를 사용하여 검증하고자 한다.

$$voc_i = e^{\alpha_i} \cdot victim_i^{\beta} \cdot elapsed\_time_i^{\gamma} \cdot e^{\epsilon_i} \tag{5}$$

$$\begin{aligned} &where \\ &\alpha_i = \alpha + \theta_{1,i} \cdot 근무일여부 + \theta_{2,i} \cdot 봄 + \theta_{3,i} \\ &\qquad \cdot 여름 + \theta_{4,i} \cdot 가을 + \theta_{5,i} \cdot 관리여부 \end{aligned}$$

$$\ln(voc_i) = \alpha_i + \beta \cdot \ln(victim_i) + \gamma \cdot \ln(elapsed\_time_i) + \epsilon_i \tag{6}$$

식(5)에서 총 산출량에 대해서는 전체 고객 불만(voc_i)으로 정의를 하였고, 노동은 예상 피해 고객($victim_r$), 자본은 장애를 고치는데 걸리는 시간

$(elapsed_time_i)$으로 정의한다. 예상피해 고객은 광케이블 장애가 발생하였을 때 수용된 고객으로 정의한다. 장애가 발생한 계절별로 계절성을 고려하기 위해 3~5월을 봄으로 하는 가변수(Dummy variable), 6~8월을 여름, 9~11월을 가을로 한다. 근무일 여부도 근무일이면 "1"인 가변수를 이용하였다. 근무일인 경우의 장애는 휴일에 비해 신속히 대처할 수 있어 고객 불만을 줄일 수 있을 가능성이 있어 분석에 포함할 수 있다.

관리여부도 관리 가능한 장애이면 "1", 관리 불가능한 장애이면 "0"으로 하는 가변수를 추가로 이용하였다. 고객 불만 생산함수는 각 생산요소인 예상 피해 고객, 장애처리 시간이 증가하면 고객 불만 건수 즉, 생산량도 동일하게 증가하고 이를 귀속의 원리로 정의 할 수 있다. 식(5)는 Cobb & Douglas(1928) 생산함수 식(6) 양변에 자연로그를 취한 함수이며 β는 예상 피해 고객의 투입량, γ는 장애처리 시간 변화율이며, 각각에 따라 전체 고객 불만 증가의 변화율을 의미한다. 즉, 고객 불만의 함수가 예상피해 고객의 투입량, 장애 처리 시간 변화율에 따라 고객 불만에 미치는 두 변수들의 관계는 무차별곡선(indifference curve) 형태를 알아 볼 수 있다.

4. 통신네트워크 장애의 유형

통신네트워크 시설물 중에서 광케이블의 장애는 6가지의 유형 중에 관리 가능한 항목과 관리 불가능한 항목으로 나누었다. 관리 가능, 불가능의 기준은 자연재해, 화재, 차량 추돌에 의한 건들만 관리 불가능한 요인이고 나머지, 작업자 장애, 외부공사, 코어 단선 등은 관리 가능한 기준으로 봤다. 광케이블 장애로 인한 피해 가입자규모, 처리시간, 고객 불만, 광케이블 설치 위치, 장애 원인, 계절요인, Work day 유무, 발생 시간 등에 대해서 관리 가능 항목과 관리 불가능 항목을 구분하여 추가로 추정 하였다.

표 5는 A社의 최근 3년(2011년~2013년) 동안의 광케이블 장애 유형별 수집한

내용이다. 표 5의 항목들 중 작업 장애, 외부 공사, 코어단선 등은 관리 가능한 항목으로 전체 발생 비율이 70%이다. 그리고 자연재해, 차량추돌, 화재 등은 관리 불가능 항목은 30%로 분리 될 수 있다. 각각의 장애유형들은 피해규모와 외부 환경에 따라 예상복구 시간 등이 다르다. 그 중에서도 외부 공사와 코어단선에 의한 장애는 광케이블이 절단되었을 때 보다 일부만 손상이 발생하였을 때 복구 하는 과정이 더 어렵다. 일부만 손상 되었을 때 장애처리는 기존 서비스 중인 고객에게 추가 장애가 발생하지 않도록 조심해서 작업을 해야 하는 어려움이 있다. 그리고 광케이블 장애는 관리 가능, 불가능 항목에 대해서도 예상 피해 가입자와 장애 처리 시간, 계절요인에 따른 고객 불만에 대해서도 수학적 함수를 이용하여 추정을 할 수 있다.

| 표 5 | 광선로 장애 원인별 유형

장애유형	장애 원인	발생비율 (%)
작업장애	B2B, B2C회선 신규 구축 및 이설 작업 중 Human error 등의 영향	16
외부공사	대외 기관에서 도로확장, 택지개발, 건물 신축, 상하수도, 전주 이설 등의 영향	33
코어단선	시설노후화, 불특정 작업자들의 작업 오류 등의 영향	21
자연재해	태풍, 우기철, 폭설 등의 영향	4
차량추돌	공사 차량의 전주 도괴후 케이블 파손 및 분리수거 차량에 의한 케이블단선 등	24
화재	다세대 주택, 단독 주택 등의 화재로 인한 케이블 소손 등 영향	2

5. 통신네트워크 장애와 고객 불만 모형의 추정 방법

네트워크 생존성 측면에서 고객 불만을 일으키는 변수들을 생산함수 식을 이용하여 다중선형회귀분석으로 추정해 볼 수 있다. 생산함수는 투입물과 산출물

간의 관계를 나타내고 있으며, 생산함수의 형태는 생산기술에 의존하고 있다. 즉, Q=f(L, K), Q는 생산량, L은 노동, K는 자본으로 정의 할 수 있다. 위 식의 구체화된 생산함수는 Cobb & Douglas(1928)의 f(L, K)=ALK의 함수 형태로써 계량 경제학적인 추정이 용이하다. 생산기술의 진보는 투입량과 산출량 사이에 변화가 있으며, 이러한 변화에 대해 생산함수 식을 변형시켜보면 Q=A(t)f(L, K)이다. A(t)는 기술의 진보에 의한 영향이고 t는 시간 변수이다. 이는 기술 진보는 시간의 경과에 따라서 발생하는 것을 의미한다. 즉, 기술진보로 인해 A(t)의 값이 커지면 노동과 자본 투입량이 변화가 없어도 산출량의 증가가 일어나게 된다.

네트워크 생존성 강화하기 위해서는 광케이블 피해 중 코어 수, 처리 시간, 고객 불만 건수, 광케이블 설치 위치, 장애 관리 기준, 유지보수 투입 인력, 계절, 요일, 시간, Work day 유무 등의 자료를 수집 하여 생산함수로 추정한다. 그리고 이중 고객 불만을 종속변수로 하였고, 예상피해 처리 시간, 예상피해 규모를 생산요소의 독립변수로 구분하였다. 여기에서 Cobb & Douglas(1928)의 생산함수의 수학적 모델인 $Q=BL^{k}K^{1-k}$수식으로 추정하여 보면 다음과 같다. Q는 광케이블 장애에 의한 고객 불만인 독립변수이고, L은 예상 피해 고객수, K는 장애처리 시간들로 변형하여 표현 할 수 있고 이것을 종속변수로 정의한다. $Q=BL^{k}K^{1-k}$(단, k=0.75, b=1)이라는 수학적 모델 식에서 선형회귀분석을 위해 로그 함수로 변형하면 logQ=logb+klogL+(1−K)logK을 얻을 수 있고, 양변을 L에 관하여 편미분하여 k라는 산출량의 노동탄력성과 노동의 한계 생산성을 계측할 수 있다. 그림 6에서 a)는 광케이블 장애로 인해 발생하는 예상 피해 가입자 규모의 추정 내용이며, b)는 장애처리 시간을 나타냈다. 그림에서 X축은 고객 불만(VOC)건수이다. 그림 6에서 고객 불만의 함수가 식(6)의 수학적 방법을 통해 예상피해 고객의 투입량, 장애 처리 시간 변화율에 의해 두 변수들의 관계는 무차별곡선(indifference curve) 형태를 나타낸다.

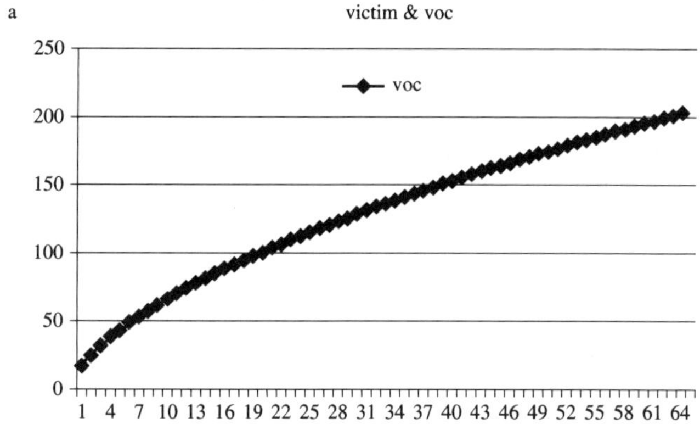

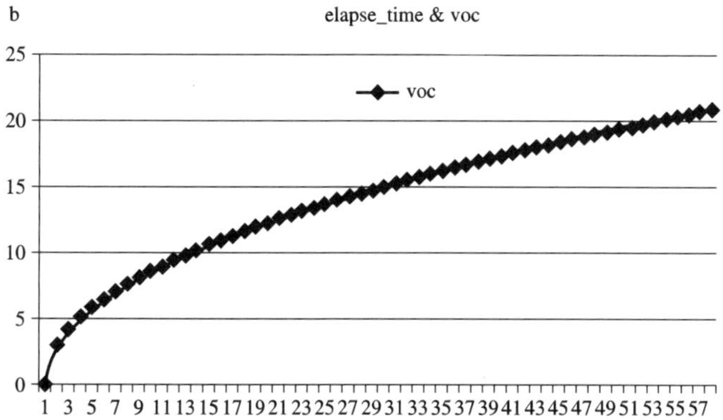

▌그림 6▐ 고객 불만과 예상고객 및 장애처리 시간 모형

6. 통신네트워크 장애와 생산함수 추정 결과

Cobb & Douglas(1928) 생산 함수에 양변에 자연로그를 취한 함수이다. 예상 피해 고객($victim_r$), 장애를 고치는데 걸리는 시간($elapsed\_time_i$) 각각에 따라 전체 고객 불만 증가의 변화율을 의미한다. 이러한 변수들에 대한 추정 계수의 유의성을 판별하는 척도에 대해 ***는 p-value가 0.01보다 작은 경우이며, **는 0.05, *는 0.1보다 작은 경우 통계적으로 유의하다로 정의한다. 표6에서 추정 계수의 통계적 유의성의 결정은 통계학과 사회과학에서 일반적으로 사용하고 있는 p-value가 0.01, 0.05, 0.1보다 작은 경우를 통계적으로 유의하다고 판단한다. 표2의 Cobb & Douglas(1928) 생산모형으로 추정한 결과 조정결정계수(Adjusted R2)의 적합도(goodness of fit)는 0.502으로 나타났다. 그리고 예상 피해 고객($victim_r$), 장애를 고치는데 걸리는 시간($elapsed\_time_i$), 계절요인 중 봄은 정(+)의 방향으로 통계적으로 유의하였다. 반면 여름, 가을과 근무일 여부는 유의하지 않았다. 관리 가능한 장애일 경우의 고객 불만이 증가하는 것으로 유의하게 추정되었다. 이는 고객들이 관리 불가능한 장애의 경우 고객 불만을 자제하여 고객 불만이 덜 발생하는 것으로 판단할 수 있다.

표 6에서 ***는 p-value가 0.01보다 작은 경우이며, **는 0.05, *는 0.1보다 작은 경우로 통계적 유의성을 표시한다. 관리 가능한 요인으로는 작업 장애, 외부공사, 코어단선이며 이때 장애가 발생하면 고객 불만을 증가 시켰으며 유의하다. 광케이블은 일반적으로 전주나 지하에 매설하여 포설한다. 전주에 가설된 케이블은 많은 비, 바람과 적설의 무게에도 견딜 수 있어야 한다. 그리고 지하에 매설된 케이블은 도로공사와 재개발 등의 외부 환경 요인으로 인해 장애 사례 등도 빈번하다. 또 광케이블의 온도는 한겨울에 -40℃, 한겨울에 직사광선을 방아 60℃~70℃에 이를 수도 있다. 광케이블은 자연적인 악조건에서도 10년 정도 유지되어야 한다. 광케이블 장애의 유형들은 많은 변수들에 영향으로 인해 고객 불만을 증가 시킬 수 있어서 다양한 방법으로 사전 관리를 해야 한다. 예상 피해 가입자가 많은데 빨리 장애 처리된 시간, 예상 피해 가입자가 적은데 늦게 처리된 시간 모두 유의하게 나타났다. 즉, 피해가입자가 많을 때 빨리 처리된 경우와 피해 가입자가 적은데 시간이 늦게 처리된 경우 고객 불만은 같이 증가한다. 두 개의 관련 변수가 무차별한 관계(indifference relationship)인 Cobb & Douglas(1928)의 생산함수 모형이 나온다. 이걸로 추청 해봤을 때 예상 피해 가입자와 장애 처리 시간과의 관계는 유의하게 나타난다.

| 표 6 | 생산함수 추정 결과

변수	계수
상수항	-3.372***
LOG(예상피해가입자)	0.613***
LOG(장애처리 시간)	0.514***
근무 일수여부	-0.238
봄	0.427**
여름	0.288
가을	0.362
관리가능 여부	0.322*
Adj-R2	0.502
관찰치 수	205

주) *** p< 0.01, ** p< 0.05, * p< 0.1

7. 통신네트워크 장애와 생산함수 모형 변수의 시사점

통신네트워크(Network) 장애 요인 중에서 통신 장비, 광케이블 단선, 가입자망 장치 등의 문제로 인해 발생 하는 고객 불만이다. 이 중에서 통신네트워크의 외부 시설물인 광케이블 장애가 발생하였을 때 고객 불만 영향을 추정한다. 그리고 통신네트워크 중 광케이블 장애가 발생했을 때 고객 불만과 각각의 변수들이 생산함수에 유의함을 설명하였다. 즉, 광케이블 장애는 Cobb & Douglas(1928)의 생산함수 모형의 관련 변수인 예상 피해 가입자와 장애 처리 시간이 증가에 따라 고객 불만이 증가하는 것을 확인하였다. 기업에서는 광케이블 장애가 발생을 하였을 때에 고객 불만을 최소화시키기 위해 예상되는 피해고객의 수도 중요하지만 복구 지연 시간도 중요하게 영향을 미친다. 광케이블 장애를 복구시키는데 소요되는 시간, 근무 요일여부, 계절적 요인 등이 있다. 그리고 작업자 부주의로 인한 장애, 외부 공사, 코어 단선 및 밴딩 등 관리 가능 항목 장애와 자연재해,

차량추돌, 화재 등 관리 불가능한 변수를 구분할 수 있다. 통신네트워크 시설물 중 광케이블 장애가 발생하였을 때 고객 불만과 관련한 몇 가지 시사점은 다음과 같다. 첫째, 광케이블 장애는 예상 피해 고객수와 예상 복구 시간에 대해서 생산함수를 이용하였을 때 고객 불만이 무차별하게 증가 하는 하는 것을 알 수 있다. 둘째, 광케이블 장애처리 뿐만이 아니고 현장에서 관리 가능한 변수인 작업 장애, 외부 공사, 코어 단선이 발생하면 고객 불만이 증가한다. 셋째, 예산 피해 고객수와 예상 복구 시간을 줄이기 위해서 광케이블에 수용된 회선을 분산 시키고, 시간을 줄여서 장애처리를 할 수 있는 다양한 위해개소 점검 방법이 필요하다는 것을 알 수 있다. 이상에서 고객 불만의 함수가 예상피해 고객의 투입량, 장애 처리 시간 변화율에 따라 무차별곡선(indifference curve) 형태에 대하여 추정하였다. 다음에서는 광케이블 장애가 발생하지 않도록 하기 위해 개발된 광케이블 감시시스템에 관련된 내용이다.

Chapter 04

통신네트워크 장애 감시 시스템

1. 광통신의 발견

최근 통신네트워크는 멀티미디어 등을 포함에 대용량 정보를 전달 할 수 있는 전송 매체로서 광통신의 중요도가 증가하고 있다. 광통신은 빛에 의해서 정보 전달을 하기 때문에 빛을 유리섬유에 의해 전달된다. 빛은 유리섬유와 같은 가늘고 투명한 물체에 전달된다는 사실은 아주 오래전에 발견되었다. 영국의 John Tyndall(1854)이라는 물리학자가 커다란 물통에 물이 세차게 흘러나오는 모습에서 빛이 투과되는 것을 보고 발견하였다. 수영장의 물속에 빛이 입사되었을 때 반사되어 물 위에 공기층으로 나오는 빛을 반사광이라고 한다. 그리고 그대로 물속으로 입사되는 빛을 굴절 광이라고 한다. 빛이 서로 다른 매질에서 직진하지 않고 굴절하는 이유는 각 매질마다 빛의 속도가 다르기 때문이다. 영국의 맥스웰(1864)은 전기와 자기를 연구하였고, 전자파가 빛의 속도를 진행 시키는 것 알았다. 1930년에 독일의 람에 의해서 유리 섬유에 의해 빛의 전파가 실험되었다. 그리고 현재와 같은 구조의 유리 섬유를 만들어 진 것은 1958년 영국의 카파니에 의해 유리로 피복한 광코어를 시험 한 것이다.

최근 광통신은 광케이블의 광심선의 한 가닥을 이용하여 대량의 정보 전달을 하고 있기 때문에 통신사들에게는 수익과 직결된다. 그래서 광케이블은 유선, 무선 통신 상품의 확대로 인해 많은 양의 시설투자가 이루어지고 있다. 정부기관, 기업들, 개인 등 많은 정보들의 전송은 통신 전달매체인 광케이블을 통하여서 이루어지고 있다. 그리고 통신 전달 매체인 광케이블은 무선과는 다르게 유선의 한계점을 가지고 있다. 그럼으로 전주와 지하 관로에 매설 되어 있어서 항상 외부에 노출되어 있다. 또한 눈, 비, 바람 등의 자연 영향과 불특정 다수가 작업하기 때문에 작업 오류 등에 의해 취약한 구조이고, 항상 위험성을 가지고 있어서 장애가 발생된다. 그래서 외부 환경의 사고 예방과 작업자들의 관리를 위한 시스템들이 지속적으로 필요하다. 그리고 통신 서비스 전달 매체가 예상하지 않은 외부 요인으로 인해 장애가 발생하게 되면 서비스를 사용하는 고객들의 불만을 줄이기 위해서는 최대한 빨리 복구를 해야 한다. 서비스 전달 매체에 신속한 장애 처리는 초기에 장애 위치 파악을 신속하게 해야만 인력과 시간 투입을 줄일 수 있다. 장애 위치 파악을 위해서는 광케이블을 분기 해주는 광케이블 접속함체(Optical Fiber Closure)[9]에 감시 장치와 감시 시스템을 개발을 하게 되면 장애 이장시간을 줄일 수 있다. 그리고 현장시설물과 전산과의 거리 및 위치가 정확하게 DB현행화가 되면 장애처리를 할 때 훨씬 고객 중단시간을 줄일 수 있다.

2. 광통신 분기 역할을 하는 광케이블 접속함체

광케이블 접속함체(Optical Fiber Closure)는 광케이블 종단 광심선 접속 부를 저장 및 보호하는 장치를 말한다. 통신 기업들은 광케이블 설치를 통신 국사내의 성단 케이블, 주요 간선망, 지선 망으로 구분되어 설치한다. 일반적으로 1km 간격으로 접속함체를 설치해서 B2B, B2C 회선 개통을 하게 되며, 시내 밀집 지역 같은 경우는 그 보다 더 짧은 거리에 설치해서 다수의 회선들을 개통하게 된다. 광케이블 구성은 간선망에서 지선 망으로 구축된다. 통신 서비스 전달 매체인 광케이블의 연결 구조는 통신국사 내부의 대용량 라우터와 스위치에서 빛(Laser)에 파장을 통해 분배함을 거쳐 통과 한다. 그리고 통신 국사에 성단용 광케이블을

9) 광케이블 접속함체(Optical Fiber Closure)은 광섬유로 생산된 광케이블 종단 코어 접속 부를 저장 및 보호하는 장치를 말함(선일, 2001).

통해 간선, 지선 광케이블의 분기함체를 거쳐 연결된다. 국내 광케이블 접속함체는 미국의 Raychem사의 제품이 LG, SK에 독점형태로 과거에 공급되었지만, 최근에는 국내 많은 접속함체 제조사가 생겨나면서 다양한 형태로 현장에 공급되고 있다. Raychem함체는 In-Out, Butt-Type중에서 돔형의 Butt-Type만 공급되고 있으며, 현장에 설치 운용 시 광케이블 여장방식이 매우 용의하며, 외부의 연결방식은 클램프 방식을 취하여 개·폐 작업 시 다른 공구가 필요 없이 사용에 편리하다는 특징을 가진다. 광케이블의 접속방식은 열 수축 방식을 사용하고, 광심선의 접속방식은 융착, 기계식 모두 이용가능하다. 외부의 재질은 고밀도 폴리에칠렌을 사용하여, 외부의 열악한 환경조건에도 저항할 수 있다. 외부의 환경에 맞추어서 잘 설치되어는 있지만 정작 작업자들의 작업 유무를 확인 할 수 있는 방법이 없다. 작업자들의 작업 유무 확인은 작업 오류로 인해 발생하는 코어단선 등의 장애로 이어진다. 서비스 전달 매체의 장애는 초고속 인터넷, 전화, IPTV 등을 사용하는 고객들의 서비스 중단으로 이어지게 된다. 서비스 중단이 신속하고 빨리 처리가 안 되면 고객 불만이 지속적으로 증가하게 된다. 그러므로 분기 접속함체 구간별로 감시 할 수 있는 시스템 구현은 그림 7과 같은 방법으로 설치를 해야 한다. 감시시스템은 분기 함체뿐만 아니라 통신 서비스 전달 매체인 광케이블 장애가 발생하면 위치 추적을 할 수 있다. 광케이블 접속함체 감시 시스템은 그림 7과 같은 시스템 구성과 작동 원리를 통해서 설명 할 수 있다.

그림 7에 의하면 광선로 감시 시스템은 국사 구간, 간선망 링 구간 및 중앙제어부, 가입자망 장비를 포함할 수 있다. 구체적으로, 가입자망 장비는 아파트 등 광사용자 망으로 광통신 시스템의 사용자측이다. 간선망 링 구간은 환형의 광통신 케이블로 구성되며, 통신사에서 가입자망 쪽으로 구성된 간선망을 통칭할 수 있다. 이 구간에서는 광통신 케이블 중간에 적어도 하나의 광케이블 접속함체가 설치될 수 있다. 광케이블 접속함체는 광케이블의 직선, 분기, 접속용 단자 기능을 수행하며, 통신망의 가공에 설치되거나, 지하에 매설될 수 있다. 또한 내부에 복수의 여장 판이 마련될 수 있으며, 각 애장판 각각에는 광심선이 고정될 수

있다. 그리고 광케이블의 직선, 분기, 접속 등의 작업 수행시 개방되어 상기의 작업이 수행되도록 할 수 있다. 이때, 밀폐용 덮개 분리시 광심선이 밴딩 되어 밴딩 로스(loss)를 중앙제어부에서 감지 가능 하도록 구성될 수 있다.

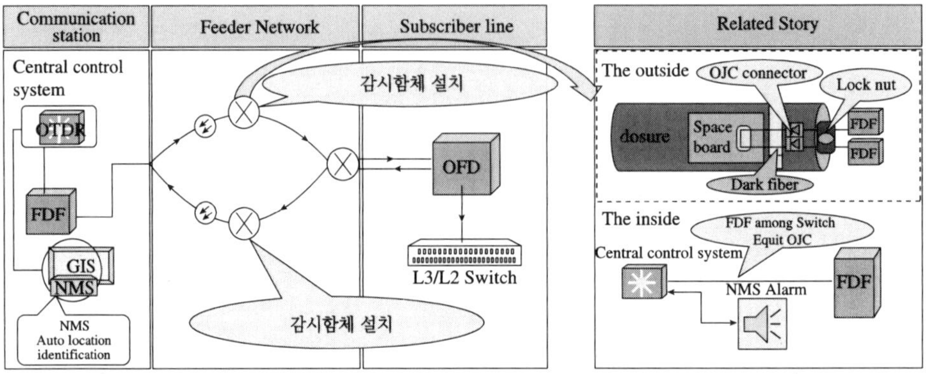

┃그림 7┃ 접속함체 감시 시스템 개황도

3. 광케이블 접속함체를 이용한 광선로 감시 시스템

광선로 감시 시스템은 광선로의 실시간 상태 감시, 광선로 절단 시 경보 발생 및 즉각적인 절단 위치를 탐색, 감시형 접속함체의 개·폐 경보 발생, 광선로의 손실 변화 상태를 주기적으로 측정, 분석함으로써 신속하고 효율적인 광선로 운용을 할 수 있도록 구성 되었다. 그림 7에서 통신국 내 중앙제어부(CCS)는 코어망 또는 메트로망과 연결되어 광신호를 분배하여 해당 광가입자망에 전송한다. 이로서 간선망의 장애 또는 장애를 감지 할 수 있다. 또한, 밀폐용 덮개가 개방됨에 따라 커넥터 분리에 의한 광손실 또는 광신호 끊김을 감지할 수 있다. 이때, 중앙제어부는 간선망의 장애 또는 광케이블 접속함체의 개방상태 등을 감지하여 경보를 발생시킬 수 있다. 이를 위해 중앙제어부(CCS), FDF, OTDR(Optical Time Domain Reflectometry)[10] 및 스위치를 구비할 수 있다. 구체적으로, Central

10) OTDR(Optical Time Domain Reflectometry)은 광선로의 후면산란파를 측정해서 손실값

Control System[11] 내부 AR(Access Router)[12] 라우터는 접속 라우터로서, 광 네트워크 서비스 제공자 관점에서 최소 트래픽 발생지점에 설치되는 라우터다. FDF(Fiber Distribution Frame)는 광 분배 망으로 코어망 또는 메트로 망으로부터 분기된 광케이블 선로가 인입되고 분배되는 단자함이다. OTDR은 신호 광들과 다른 파장을 갖는 펄스를 휘더망의 광선로에 입사시켜 광섬유 길이 방향의 각 지점에서 반사되어 되돌아오는 광량의 거리 분포를 해석해 광섬유의 손실, 접속 지점까지의 거리와 접속 손실 및 접속 지점으로부터의 반사량을 측정하여 장애지점을 검출할 수 있다. 또한, OTDR은 광케이블 접속함체의 개방 시 광케이블 접속함체의 위치를 감지한다. 위치 감지를 하게 됨으로써 작업자들을 통제 할 수 있고, 작업에 의한 장애 발생을 예방 하여 고객 불만을 줄이는데 효과가 있다.

4. 통신 서비스 제품의 기술적 불만을 해결하는 과정

미국의 소비자 관련 회사인 TARP(Technical Assistant Research Program)는 제품, 서비스에 대해 불만족한 고객을 적절하게 대응하면 만족한 고객보다 더 충성스런 고객이 된다고 하였다. 그래서 고객 불만에 대해 얼마나 빠른 대응을 하여 문제 해결을 하느냐에 따라 고객의 충성도가 다르게 나타난다. 따라서 기업은 고객 불만을 신속하게 해결하려는 구성원의 마인드와 고객 불만이 발생하지 않도록 자체적인 시스템을 완비해야한다. 고객 불만은 제품의 기술적 부분과 구성원의 서비스에 대한 불만으로 나눌 수 있다. 서비스에 대한 불만은 고객 불만을 응대 하는 구성원의 교육을 통해서 해결 할 수 있다. 하지만, 제품의 기술적인 부분은 다양한 방법을 통해서 해결 하는 과정들이 있다.

및 단선거리를 알아내는데 사용(전덕영 등, 2008).

11) CCS(Central Control System)은 통신망을 감시하는 중앙제어부로 광케이블 및 장비 장애를 감시하는 통신국(로제, 2012).

12) AR(Access Router)은 접속라우터로서, 광 네트워크 서비스 제공자 관점에서 트래픽이 얼마나 발생하는지 등에 따라 설치되는 대용량 장비(로제, 2012).

다양한 통신 서비스를 이용하는 고객들은 서비스 사용법을 문의 하는 경우가 있다. 이때 통신 서비스를 설명하는 구성원들의 친절도에 따라서 불만의 강도가 달라진다. 하지만 통신 서비스의 기술적인 문제로 인해 장애가 발생하면 영문도 모르고 짜증만 쌓이게 된다. 기술적인 분야는 통신사들의 내부 장비와 고객측 단말기 및 모뎀들인 경우도 있다. 그리고 외부에 노출된 광케이블 단선으로 인해 발생하는 장애도 있다. 광케이블 장애는 작업자 실수에 의한 단선과 도로 확장 등 환경 변화에 의한 장애가 발생한다. 그러나 고객 입자에서는 내부, 외부 장애 때문에 통신네트워크 서비스를 이용할 수 없기 때문에 장애처리가 빨리 해결되길 기다리는 방법이외에는 없다. 이런 현상이 반복적으로 발생하는 경우에는 통신 서비스 요금 등 위약금이 많지 않으면 타경쟁사로 이탈하려고 문의를 하는 경우들이 있다. 하지만, 해지처리 절차가 복잡하고, 약정기간 등으로 인해 금액적인 손실을 최소화하기 위해 그대로 사용하는 경우들이 많다. 그리고 기업 입장에서는 해지 방어와 고객 불만을 최소화시키기 위해서 기술적 개선을 위해 노력한다. 내부 장비에 소프트웨어나 하드웨어 장애 수리를 사전에 점검하는 경우가 있고, 외부에 노출된 광케이블 등을 감시 시스템 등을 구현하는 노력을 한다.

5. 광케이블 접속 함체 감시 장치 부품

외부에 노출된 광케이블은 불특정 다수의 사람들이 공사를 하기 때문에 항상 위험에 노출 되어 있다. 그래서 단선과 작업 등의 감시를 하기 위해서 케이블이 절단되었을 때 위치 추적을 하는 시스템이 필요하다. 그리고 케이블과 케이블을 연결해주는 접속함체들의 개·폐 작업을 하였을 때도 위치를 알려 주는 시스템 구현도 필요하다. 광케이블 접속함체는 B2B, B2C 등 신규 구축을 할 때 반드시 개방을 하여야 하는 수동 장치이다. 이 수동 장치를 누가 언제 개·폐 작업을 하였는지 알 수 있는 시스템이 없다. 시스템 구현을 하려면 전기적 신호가 접속함체 내부에 구성이 되면 가능하다. 하지만 전기적 신호는 수많은 함체 내부에 부착을 해야 하고 유지보수를 하기에도 어려움이 발생한다. 전기를 끌어오거나 배터리를 통해서 공급을 해야 하기 때문이다. 이런 문제점을 해결하기 위해서는 접속함체 내부에 몇 개의 잠금장치를 통해서 기존 통신국사측에서 나오는 광 소스를 활용하여 감시 하는 방법이 개발되었다.

접속함체 내부의 연결된 시스템 구성은 다음과 같다. 접속함체 내부에 1차 잠금장치를 설치하여서 접속함체를 분리 시킬 대 작업자들을 주의하게 하였다. 또한 1차 잠금장치를 개방하게 되면 2차로 통신 국사 측과 연결된 광심선 한 가닥이 커넥터와 연결된 소자를 반드시 분리를 해야 개방을 할 수 있게 만든다. 광심선으로 연결된 커넥터를 분리시키면 국사 측에서는 코아 단선의 경보가 발생한다. 그리고 감시시스템에서는 거리를 측정하여 해당 작업이 이루어지고 있는 지점을 추적하여 통신국사에 근무하는 구성원에게 알려준다. 일반적으로 광케이블 접속함체는 돔형과 사각형으로 구성된다. 그 중에서 그림 8, 9의 돔형과 사각형 광케이블 접속함체 내부의 부품 구성 요소에 대해 설명하면 표7과 같다.

▌표 7▐ 광케이블 접속함체 커넥터형 부품부호

번호	내용	번호	내용	번호	내용	번호	내용
200	광접속함체	238 240	여장판고정부 인입광심선	290, 760	제2고정부 커넥터고정부	810	인입 광케이블
210	광케이블 안내부	241	인출광심선	300	스토퍼	820	인출 광케이블
212 214	광케이블 인입부	250	광심선 여장판	310,320 730,740	제1,2 커넥터		
220	메인홀더	255	제1 커넥터	321	돌출부		
230	연결부	260,270 770,780	제3,4커넥터	323	관통홀		
235	연결부	280,720	밀폐용 덮개	330, 730	제1고정부		

그림 8 돔형 광케이블 접속함체는 광케이블 안내부, 메인홀더, 광심선 여장판, 밀폐용 덮개, 커넥터로 만들었다. 그리고 광케이블 안내부는 인입 광케이블 각각을 안정적으로 메인홀더와 결합될 수 있도록 하였으며, 광케이블 접속함체의 내부로 각종 이물질 침투를 방지 하도록 되었다. 또한 2개의 커넥터를 고정하는 첫 번째 제1 고정부를 더 포함하도록 만들어졌다. 첫 번째 고정부는 2개의 커넥터가 원터치 형식으로 삽입 되어 형성되었다. 그리고 볼트, 사각형 2개의 홀더 소자 등을 통해 고정 되도록 광케이블 안내부에 부착시킨다. 이때, 첫 번째 고정부는 2개의 커넥터를 고정함과 동시에 메인홀더가 결합되는 형태로 구성된다. 고정 지지하는 중앙 소자인 메인홀더는 광케이블 안내부에 부착 고정된다. 그리고 다수의 광심선 여장 판이 고정 될 수 있도록 만들어진다. 이를 위하여, 메인홀더는 연결부와 여장판 고정부를 만들 수 있도록 했다. 연결부는 광케이블 안내부에 고정되도록 돌출되게 만들어진다. 광케이블 심선 정리는 여장판 고정부에서 연결부의 반대편에 형성된다. 또한 광심선 여장 판이 고정될 수 있도록 복구의 통공이 형성되어 있다. 광심선 여장 판은 사용·미사용 광심선이 내장되며, 광케이블 여장과 접속후 슬리브를 고정하는 기능을 한다. 광케이블 접속함체 밀폐용 덮개 내부에는 또 다른 2개의 제3, 4 커넥터가 고정 될 수 있도록 두 번째 고정부를 구성한다. 이 고정부는 광케이블 접속함체 밀폐용 덮개 내부 면에 추가된 2개의 커넥터를 탈착 가능하도록 형성하고, 상부에서 삽입되는 타입이 아닌 측면 또는 후면에서 추가된 제 3, 4 커넥터가 삽입 고정되도록 관통 형태로 만들어진다. 예를 들면 첫 번째 2개의 제1, 2 고정부는 일직선상에 위치하도록 고정되며 광케이블 접속함체의 밀폐용 덮개가 광케이블 안내부와 결합될 때, 4개의 제 1, 2, 3,4 커넥터가 체결되도록 구성한다.

그림 8에서 첫 번째 고정부는 광케이블 안내부에 설치된 것을 예를 들어 설명하였으나, 이에 한정되지 않고, 메인홀더에 형성되도록 한다. 즉, 첫 번째 고정부는 메인홀더의 연결부와 여장판 고정부 사이에 첫 번째 고정부가 설치 가능한 공간 및 동일선상에 형성되도록 한다.

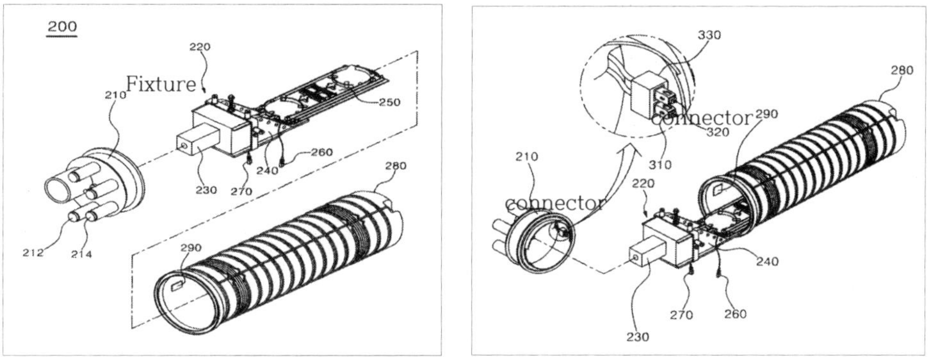

▌그림 8▐ 돔형 광케이블 접속함체 커넥터의 부품 평면 도형 구성 요소

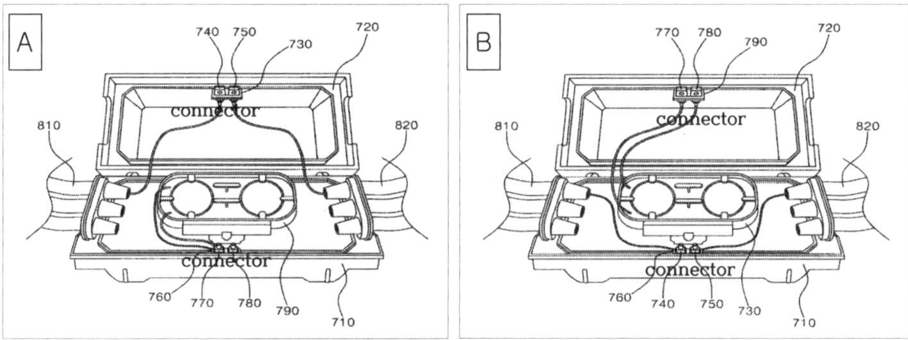

▌그림 9▐ 사각 광케이블 접속함체 커넥터의 부품 평면도면

그림 9의 사각 광케이블 접속함체는 밀폐용 덮개, 광심선 여장판, 광케이블 안내부, 제1, 4 커넥터, 제1, 2 고정부를 포함한다. 광케이블 안내부와 밀폐용 덮개는 힌지(hinge) 결합한다. 힌지 결합은 상자와 뚜껑의 결합부분이 붙어서 뚜껑이 자유로이 회전하는 개념이다. 그리고 광케이블 안내부와 밀폐용 덮개는 고정 장치를 통해 밀폐 고정한다. 광케이블 안내부는 양쪽으로 인·출입부가 형성되도록 한다. 광케이블 안내부의 내측에는 광케이블 여장판이 안전하게 고정 되는 공간이 있으며, 광케이블 여장판을 고정할 수 있는 별도의 고정 장치도 있다. 광심선 여장판은 사용 광심선과 미사용 광심선이 내장 되며, 광케이블 여장 처리 및 정리하는 기능을 담당한다. 그림 9의 "A"의 광심선 여장판은 광케이블 안내부에 안착 고정된다. 이 사각 광케이블 접속함체는 2개의 커넥터를 인입과 인출

광케이블 중 어느 한쪽의 광심선 일단에 연결하도록 한다. 그림 9 "A"의 제3 커넥터는 광케이블 여장판에 구비된 광파이버의 일단에 연결되며, 제4 커넥터는 타단에 연결된다. 첫 번째 제1, 2 고정부는 광케이블 안내부나 밀폐용 덮개에 형성되고, 제1, 2, 3, 4 커넥터를 삽입 고정된다. 첫 번째 제1, 2 고정부는 광케이블 안내부와 밀폐용 덮개가 닫힐 때, 동일선상에 위치하므로, 밀폐형 덮개가 덮일 경우 제1,2 고정부에 고정된 4개의 커넥터가 체결된다. 이후, 광케이블 안내부와 밀폐용 덮개가 개방되면, 커넥터들이 분리되어 광신호가 차단되며, 통신사 중앙 제어부에서 광케이블 접속함체의 개방을 알리는 경보가 발생한다. 이상에서 광케이블 접속함체 내부에 커넥터를 설치해서 개 · 폐 경보 발생하는 구조와 작동원리에 대해서 설명하였다. 다음은 광케이블 접속함체 내부에 설칠된 슬라이드 부품 구조와 작동원에 대해 설명하도록 한다.

6. 광케이블 접속 함체 슬라이드 부품

광케이블 접속함체 뚜껑에 설치되는 잠금 장치에 대해서 슬라이드 부품은 그림 10의 실제 현장에서 사용하는 함체를 나타내는 것이다. 잠금 장치의 가장 중요한 역할은 접속함체 본체의 광심선을 보호하기 위한 뚜껑이면서 1차 외부 충격에서 견딜 수 있도록 만들어졌다. 그림 10의 광케이블 접속함체 감시 시스템 부품 구성 요소를 부호로 설명하면 표 8과 같다.

광케이블 접속함체는 광케이블 안내부, 광심선 여장판, 메인홀더, 밀폐용 덮개, 커넥터 연결부, 스토퍼, 슬라이드 부재, 너트, 돌출부 등이 고정 될 수 있도록 구성하도록 한다. 스토퍼는 일단이 밀폐용 덮개의 내면에 고정되고 타단은 탈착가능하도록 한다. 그리고 슬라이딩 가이드를 따라 이동하는 슬라이드 부재와 슬라이드 부재의 타단을 고정하며, 필요시 탈착하도록 하는 구성된 탈착부를 포함 한다. 2번 슬라이드 가이드는 밀폐용 덮개 내부에 장착하며 슬라이드 부재를 길이방향으로 제한하는 레일 등이다. 슬라이딩 가이드의 끝단에는 슬라이드 부재가 제한 길이까지 이동될 경우 이를 고정시키는 고정 고리 등으로 만들어졌다. 슬라이드 부재는 일단이 슬라이딩 가이드를 따라 이동하며, 타단은 탈착부에 탈부착 된다. 이를 위해 슬라이드 부재의 타단은 관통 홀이 마련하도록 한다. 탈착 부는 슬라이드 부재의 관통홀로 삽입되는 돌출부를 포함한다. 또한, 탈착 부는 관통 홀에 돌출부가 삽입된 후 돌출부에서 슬라이드 부재가 빠지지 않도록 너트를 구비한다.

| 표 8 | 광케이블 접속함체 슬라이드 부품부호

번호	내용	번호	내용	번호	내용	번호	내용
200	광접속함체	235	연결부	255,260	제1,2 커넥터	321	돌출부
210	광케이블 안내부	238	여장판 고정부	290	커넥터 고정부	323	관통홀
220	밀폐용 덮개	240,241	인입·인출광 심선	300	스토퍼	325	너트
230	메인홀더	250	광심선	310	슬라이드 부재		

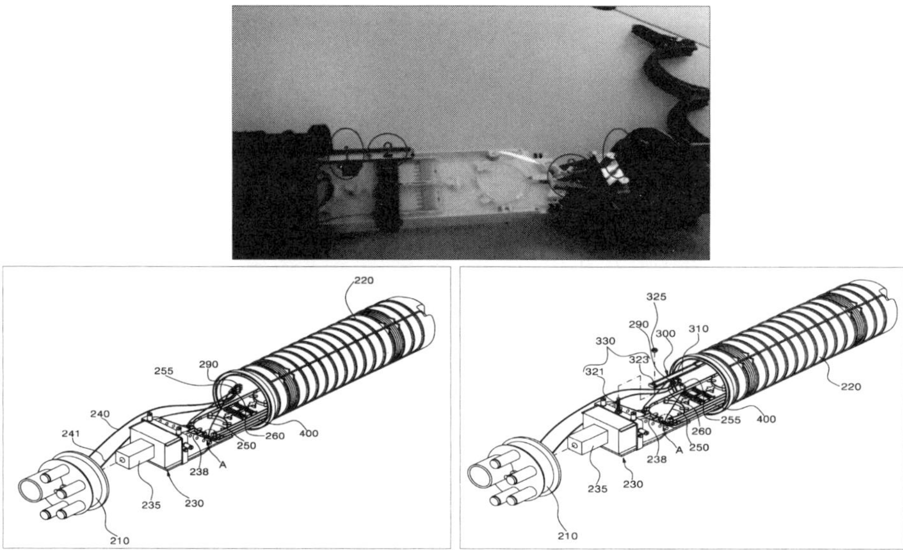

| 그림 10 | 돔형 광케이블 접속함체 슬라이드 부품 부호

그림 10에서 4번의 돌출부에 나사선이 마련되고, 너트는 나사선에 따라 고정시키는 고정수단, 너트와 같은 부재이다. 메인홀더, 광케이블 안내부 측에 슬라이드 부재를 양측에서 고정하도록 하는 수단이 형성되며, 반대의 경우도 가능하다. 3번 스토퍼는 슬라이드 부재의 양단을 고정과 탈착이 가능하도록 고리 형태의 고정부재를 구비할 수도 있다. 그리고 이 스토퍼의 길이는 광심선 여장판에서 인출되는 광심선과 밀폐용 덮개의 분리시 과도하게 당겨지는 것을 방지하여 광심선의 단선을 방지한다. 과도하게 밀폐용 덮개의 분리가 되어 광심선의 단선이 발생하게 되면 광심선에 수용된 B2B와 B2C 가입자들이 통신 서비스 장애가 발생하게 된다. 장애 처리하는 시간 등이 신속하게 이루어지지 않으면 고객 불만이 증가하게 되기 때문에 중간에 잠금장치는 반드시 설치가 되어야 한다. 광케이블 접속함체의 탈착부는 돌출부가 쐐기 형태로 형성되어 너트가 없이도 고정되도록 한다. 또한, 탈착부는 돌출부의 돌출되는 정도가 그림 11에 도시된 것과 다르게 낮게 형성되고, 양측에서 슬라이드 부재의 이탈을 막을 수 있도록 형성되는 이탈 방지 수단이 구비될 수 있다. 슬라이드 부재는 광심선 여장판으로 부터 제3, 4 커넥터 사이의 광파이버의 길이보다 길게 형성 될 수 있다. 따라서 슬라이드 부재가 최대 변위로 이동할 경우에 광심선은 광심선 여장판의 인출부측이 구부러진다. 이때, 작업자는 1, 3번 커넥터 연결부에서 커넥터들을 탈착하고 작업을 진행해야 한다. 이러한 커넥터가 분리되면 중앙 제어부에서 광케이블 접속함체의 개방 여부를 즉시 감지할 수 있다. 다음 표 9와 그림 11은 슬라이드 세부 설계도면에 대한 설명이다.

그림 11의 슬라이드는 고정부와 커넥터 취부, 덮게 고정 불락켓(Bracket)등으로 구성된다. 그리고 부품들을 이용해서 광케이블 접속함체 덮개에 부착하면 감시 접속함체로 변형시키는 역할을 한다. 광케이블 접속함체의 개·폐시 잠금장치 역할 및 중앙제어국에서 감시 할 수 있는 커넥터를 부착 하는 기능을 제고한다. 또한 광케이블 접속함체 덮게의 크기에 따라 슬라이드 자체도 변형 할 수가 있고, 내부에 고정하는 톱니형태의 소자를 포함한다. 다음은 국사 내부에서 외부에서 전달되는 신호를 감시하는 시스템에 관한 내용이다.

| 표 9 | 광케이블 접속함체 내부에 설치된 슬라이드 도면 부품 부호

NO	부품명	수량(개)	NO	부품명	수량(개)
1	슬라이더 Rail	1	4	아댑터 홀더	1
2	슬라이더 고정 Bracket(A)	2	4-1	어댑터 홀더 조립볼트	2
2-1	슬라이더 고정 Bracket(A)조립 볼트	4	4-2	어댑터 홀더 조립너트	2
2-2	슬라이더 고정 Bracket(A)조립 너트	4	5	어댑터	1
3	슬라이더 고정 Bracket(B)	1	5-1	어댑터 조립 볼트	2
3-1	슬라이더 고정 Bracket(B)조립 볼트	3	6	Optical Jumper Cord	2
3-2	슬라이더 고정 Bracket(B)조립 너트	3			

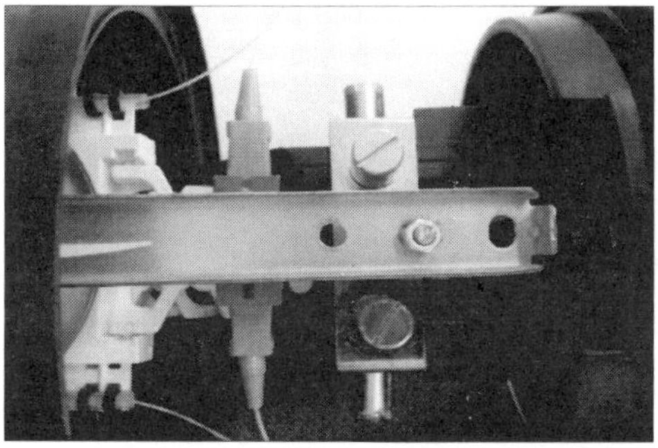

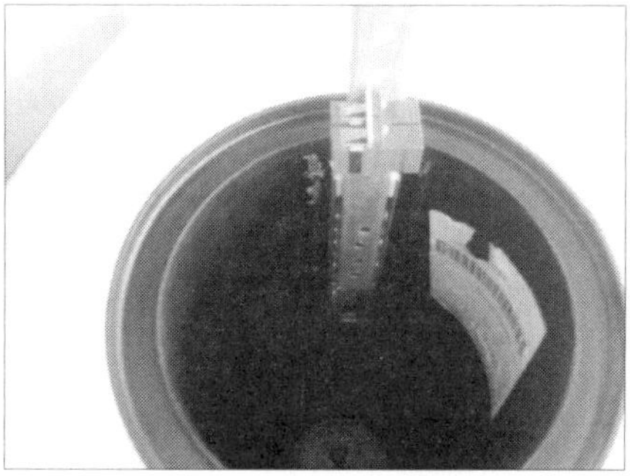

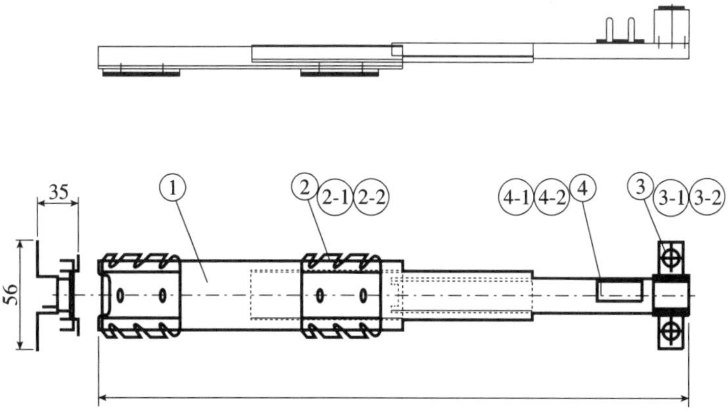

| 그림 11 | 광케이블 접속함체 내부에 설치된 슬라이드 도면

7. 광케이블 감시 시스템 구성과 작동 원리

광선로 감시 시스템의 유지보수 기능은 경제성과 효율성을 가진 용이한 형태 및 기능을 가져야 하며, 현장 설치가 용이하여야 한다. 그리고 타 시스템과 연동 시 광선로에 영향을 주지 않아야하며, 각 모듈의 외부에 LED 등을 표시하여 육안으로도 쉽게 운용 상태를 확인 점검 할 수 있어야 한다. 또한 통신용 케이블, 전원 케이블은 연결 및 분해가 용이한 구조여야 한다. 각각의 조건들이 충족되지 않을 경우에는 타 장비들과 연동이 안 되어서 장애가 발생하게 되면 대형 통신망 장애가 발생하게 된다. 다음의 표 10은 광선로 감시 시스템의 구성에 대한 내용이다.

표 10 광선로 감시 시스템 모듈별 작동 구성

공통부	메인 컨트롤 (MCU)	각 모듈을 감시 및 제어
	전원부	이중화 구성으로 시스템에 전원을 공급
	OTDR 측정부	주기적인 손실 변화 상태 감시 및 광선로 절단시 절단 위치 탐색
	광심선 선택부	다수의 광 심선들 중 피측정 광 심선만을 선택
광 감시 채널부		실시간으로 광선로의 길이 및 지연을 측정
광케이블 여장 처리반		광케이블의 여장을 정리할 수 있는 부가 구성품

광선로 감시 시스템 용량은 채널 단위로 증설이 가능하며 최대 64회선을 수용할 수 있다. 각 모듈은 플러그인 실장 방식으로 실·탈장 시 유니트간 접촉 및 단락 방지를 위해 모듈 후면의 절연처리 혹은 모듈의 슬롯(Slot) 이탈 방지가 가능한 구조이다. 광 감시 채널 부는 공통, 확장 Shelf로 채널카드 8EA 수용하고, 채널카드는 감시회선 4회선을 수용한다. 광심선 선택부는 Main Switch 모듈 1:8 기본 장착이고, Extension Switch 모듈 1:8 초과 확장시 장착한다. 광선로 감시 시스템은 광케이블 접속함체나 광케이블 실시간 장애 발생 즉시 OTDR

| 표 11 | 광선로 감시 시스템 성능

OTDR 측정부		광심선 선택부			광감시 채널부	
광커넥터	FC/PC	Main Switch	광커넥터	OTDR, Extension Switch: LC/PC	광 커넥터	스위치, 선로측: LC/PC
FiberType	Single-mode		스위칭 용량	1:8		
삽입손실	0.5dB 이하		삽입손실	2dB 이하 (In<->Out 기준)	삽입 손실	4.5dB 이하 (In<->Out 기준)
측정 방식	후방 산란법		Return Loss	50dB 이상		
측정 파장	1310 nm, 1550 nm		Crosstalk	50dB 이상		
측정범위	35dB@1310/1550nm		절체시간	25ms 이하	선로길이측정	1미터
광원	Pulsed FP LD 출력 40mW 이상		Reliability (Switching 횟수)	10million 이상	측정 오차	±1미터 이하 Per 1Km
Event Dead Zone	3meter@Event 10meter@Atten	Extention Switch	광커넥터	OTDR, 광감시채널 측 : LC/PC		
분해능	0.25/0.5/1/2 meter		스위칭 용량	1:8		
거리 정확도	±5meter 이하 Per 100Km		삽입손실	2dB 이하 (In<->Out 기준)	Delay 측정 단위	nsec
측정펄스	10ns, 30ns, 100ns, 300ns, 1us, 3us, 10us, 20us, Auto		반사손실	50dB 이상	측정 주기	TBD
			Crosstalk	50dB 이상		
			절체시간	25ms 이하		
최대 측정 거리	240km(단, 포설된 광케이블 유휴측정거리 80~100km)		Reliability (Switching 횟수)	10million 이상		
평균화	6~600sec					

이 해당 지점까지 GIS와 연동해서 지리적 위치 정보를 제공하며, 광케이블 접속함체 개·폐 여부를 실시간으로 감지하고 경보를 발생 시켜준다. 광케이블의 장애는 외부에 노출되어 있는 환경으로 인해 불특정 다수의 작업자들로 인해 작업에 의한 장애가 발생한다. 이러한 작업은 사전 작업 등록 등을 통한 프로세스에 진행되면 작업자들이 보다 주의를 기울여서 작업을 하기 때문에 장애가 발생하더라도 처리 지연시간이나 고객 불만이 최소가 될 수 있다. 하지만, 긴급하게 이루어지는 작업인 경우에 무단으로 작업을 하였을 때 중앙 관제에서 제어 할 수 없기 때문에 광선로 감시 시스템을 통해 프로세스 준수 등을 할 수 있도록 유도하고, 광케이블 장애로 인한 고객 불만을 줄일 수 있다. 감시 시스템은 광케이블의 위치를 추적 하는데 필요한 계측기 시스템을 통해서 알 수 있다. 표 11은 시스템 성능에서 OTDR 측정부, 광심선 선택부, 광 감시 채널 부를 나타낸 것이다. 광심선 접속손실, 장애위치 파악, 구간 및 총 손실 등은 OTDR 측정부에서 처리하도록 되어 있다.

감시 시스템에 내장된 OTDR에 의한 측정 원리는 장애점, 파단점의 거리, 광섬유의 손실, 접속손실, 커넥터의 반사 손실 등을 측정할 수 있다. L은 광섬유의 거리, c를 광속도 3×108[m/s], t를 광펄스 전파 시간 t[s], n은 광섬유의 굴절률로 표시하며 상위국과 하위국의

$$\mathrm{L[km]} = \frac{ct}{2n} \tag{7}$$

L은 광섬유의 손실, P1은 입력 측의 광전력 P1[W]이고, P2를 출력 측의 광전력 P2[W]이며 (8)식는 다음과 같다.

$$\mathrm{L[dB]} = 5\log_{10}\left(\frac{P_2}{P_1}\right) \tag{8}$$

그리고 광섬유의 접속손실은 광섬유에 광을 입사시키면 굴절률이서로 다른 후방 산란광이 발생하며, 커넥터, 광섬유의 파단점, 접속점 등의 불완전한 점에서 반사광이 발생한다. Lc는 커넥터 손실, n은 의사광섬유와 피측정 광섬유간의 커넥터 접속수, Pin은 2개의 광커넥터 단면을 입사단의 광원 측에 연결된 커넥터를 통과한 광 전력, Pout은 피측정 광섬유의 커넥터를 통한 광전력, 광섬유의 손실은 αi이며 이걸 이용해 광의 세기 (9)식은 다음과 같다.

$$\alpha i = -10 \log_{10} \frac{P_{out}}{P_{\in} - nL_c} \tag{9}$$

8. 광케이블 감시 시스템과 현장 장애 연동 실험

광케이블 접속함체 내부의 부품들을 설치하여 A사의 특정 간선망에 설치된 접속함체에 광심선 한 가닥을 감시시스템과 연동할 수 있도록 구성하였다. 그리고 해당에 설치된 접속함체를 강제로 뚜껑을 열어서 커넥터를 분리 시켰을 때 OTDR 측정을 되어서 위치가 추적되는 결과에 대해서 그림 12에서 보여주고 있다. 그림 12과 같은 시스템은 작업에 의한 선로 장애를 예방 하여 줄 수 있고, 신속한 위치 추적을 하여서 고객 불만 증가를 최소화 할 수 있도록 하였다.

그림 12는 시제품 제작 후 현장에서 실험을 한 내용이다. 그림 12에서 광케이블 접속함체 내부의 커넥터를 분리할 경우에 기존에 설치운용중인 NMS와 OTDR 선로 단선 위치 추적에 대한 검증 실험이다. OTDR로 측정 전 5.94143km 이지만 외부에서 광케이블 접속함체 작업으로 인한 커넥터 분리할 경우 4.14987km 지점에서 광심선 단선이 발생한다는 사실을 보여주고 있다. OTDR을 통해 광 펄스 신호를 내 보내고 광 링크로부터 돌아오는 반향 신호를 감지하는 원리이다. Pulsed laser를 통해 매우 짧은 순간에 스위칭하며 변환 시간은 1ns~

10μs이다. 그리고 OTDR 이벤트는 산란되는 빛의 변화가 나타나거나 감쇠가 발생하는 지점을 의미하며 여기에서는 광케이블의 굴절, 연결, 파열 등과 같은 종류의 손실이 포함된다.

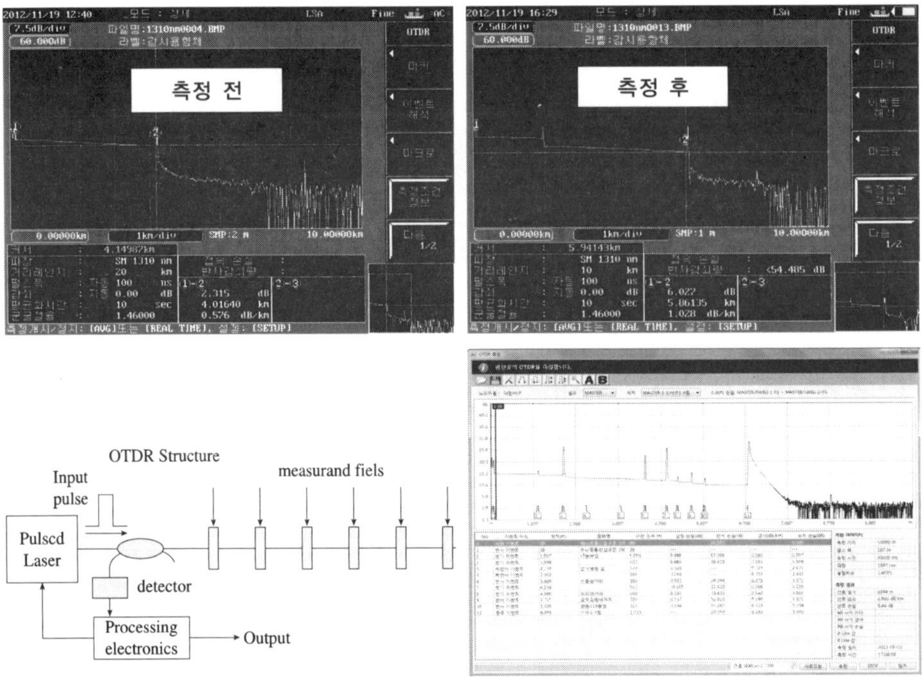

❙그림 12❙ OTDR 측정 전·후 손실 측정

그림 13는 광케이블 접속함체에서 커넥터 분리하였을 경우 중앙 제어부에서 NMS를 통한 경보와 화면이 출력된 내용이다. 이 실험은 실제 현장에서 작업자들에 의해 광케이블 접속함체 개·폐시 NMS 화면에 광신호 손실(loss)와 가청경보 출력 가능 유무에 대해서 보여주고 있다. EMS[13] 서버는 상위 NMS 연동을 위해 TL1(Transaction Language 1), SNMP[14]을 지원하도록 설계했다. 그리고 최소

13) EMS(Element Management System) : Network 운용국사에서 중앙서버에 클라이언트로 접속하여 원격 감시 및 제어(채웅식, 2012).

14) SNMP(Simple Network Management Protocol) : Network 관리 및 동작을 감시, 통합하는 프로토콜(채웅식, 2012).

한개 이상의 이더넷(10/100 Base-T) 접속 포트를 제공 하였으며 실시간 장애 정보, 구성 정보, 성능 정보를 NMS로 전달하기 위한 DB Schema를 제작 할 수 있도록 실험 했다. 또한 EMS서버는 최소 100개 이상 노드(NE)를 관리 하도록 했으며, 이중화 구성이 가능하고 CPU, 메모리 등 H/W Resource의 상태 및 부하 정보를 제공하도록 했다.

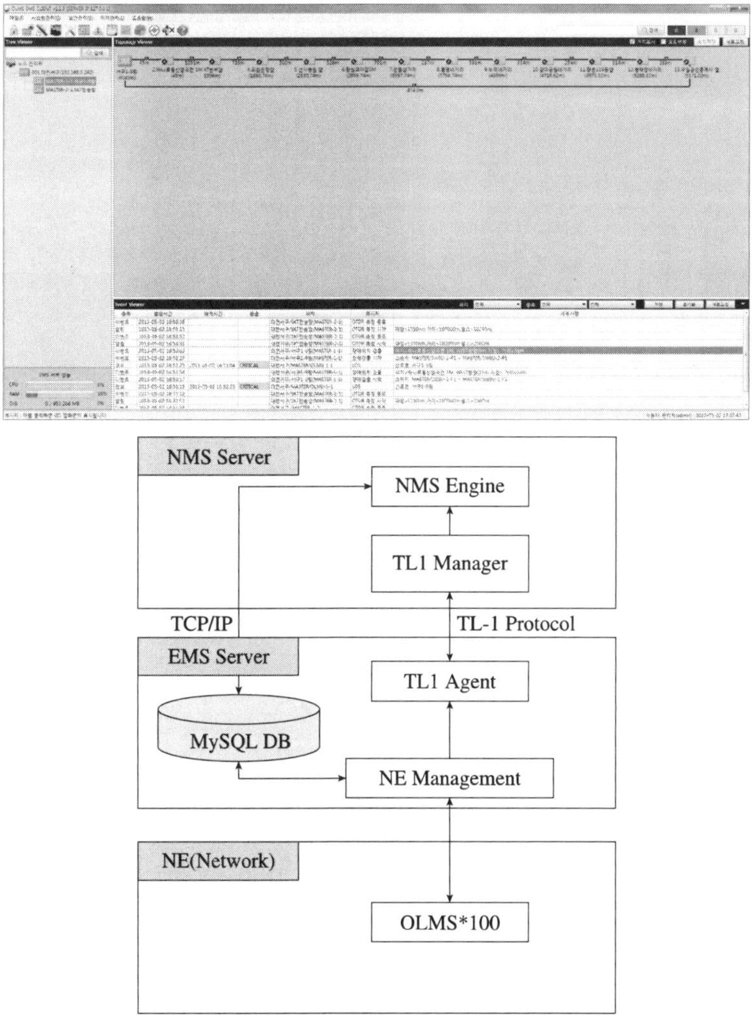

▌그림 13▐ 광케이블 접속함체 감시 NMS 화면 경보 내용

표 12는 광케이블 접속함체에 대해 세계최고 수준 보유국인 미국 Raychem사와 Bellcore사에 기계적 특성, 환경적 특성, 조건적 특성 등의 시스템 평가 기준으로 실험을 한 내용이다. 광케이블 접속함체 내부에 슬라이드를 설치 후 기계적 특성 실험방법인 충격시험(Impact Test), 압축시험(Compression Resistance), 낙하시험 (Drop Test) 등의 평가 방법에 기준으로 했다. 외부 환경에 적용 될 수 있는 일반적이고 열악한 환경조건에 기초한 광케이블 접속함체는 최소한의 성능기준을 위한 시험으로 극도의 온도와 습도에의 노출 후 급속한 열팽창과 수축이 함체의 기계적 완결성에 미치는 영향을 확인하고, 홍수나 폭우시의 물 침투

┃표 12┃ 광케이블 접속함체 주요 평가 항목

평가 항목 (Spec)	단위	비중 (%)	성능 수준		평가방법
			세계최고 보유기업 (레이켐&Bellcore)	현재 제품 수준	
충격 시험	Nm	30%	1.4kg-m (120inch pound)	-20~40℃온도에서 2.4kg추 1m낙하	파손, 5%이상의 영구 변형, 가스누출 발생 유무
압축 시험	psi	5%	140킬로 파스칼의 압력상태	300 lbf 15분 유지	10% 이내 외형 파손이 없어야함, 침수시 기포 발생 무
낙하 시험	cm	20%	75cm높이에 1/2인치 두께의 철판위로 낙하 40℃에서 반복	76cm 높이에서 함체낙하(-20~40℃)	함체내부 부품 균열, 파손이 없어야함, 침수시 기포 발생 무
장력 시험	kg	5%	케이블에 45kg 90분 가항 광 손실측정	45kg 90분 장력 D/45×100kg 8시간 유지	물리적손상이 없어야함, 광손실0.05db이하
온도 시험	℃	10%	70킬로 파스칼의 일정한 압력과 8시간의 온도순환	8시간1주~10주기 손실 변화 ±0.1db 이하	침수시 공기누설이 없어야함, 손실변화±0.1db 이하
침수 시험	m/일	20%	수심60cm에 30일 이후 침수 유무	수압275kpa/물량 3.8L/m 30분 (1.5m에 20일)	함체내 수증기 방울이나 수분이 흘러내린 자국이 없어야함
화학 특성	재질	10%	섭씨 38도의A 화학용제 24시간시험	폴리에칠레 글리콜 10%	녹/부식이 없고, 침수시 기포가 없어야함

저항성 또는 내부 화학, 내부 부식성의 조건을 충족시켜야 한다. 광케이블 접속 함체와 기존 NMS와의 현장 실험 결과 호환에 문제없이 정상적으로 화면 출력 및 OTDR 거리까지 추적할 수 있었다. 광선로감시시스템 전원 조건 시험은 표준 전압(DC -48V), 동작 전압 범위(DC -42~-60V)을 만족하며, 전원부 전해 콘덴서 수명은 입력, 출력 콘덴서 설계 조건에 맞게 설계된다. 즉, 입력, 출력 콘덴서는 상온(25℃)에서 추정 수명이 7년 이상이고, 입력 콘덴서는 3,000시간 이상 출력 콘덴서는 5,000시간 이상 사용한다. 직류(DC) 500V 인가 시 절연저항은 100MΩ 이상 없어야 하며, 전원부는 견고한 기구에 설치되어 온도 변화 및 환경 변화에 견딜 수 있어야한다. 환경 조건은 온도(0℃~±50℃), 습도(20%R.H.~85%R.H.) 범위에서 정상적인 동작에 어떠한 영향도 없어야한다. 시스템의 온도, 습도 환경시험은 아래 Cycle로 2회 연속으로 실시한다. 내진 및 진동 조건은 전기통신 설비의 안정성 및 신뢰성에 대해 전파 연구소 고시 제46호 기술기준에 따른 전기통신 설비의 내진시험 방법인 전파 연구소 공고 제2009-3호를 만족해야하며, 시스템은 GR-63-Core의 진동 조건을 만족해야 한다. 또한 소음은 셀프, 팬(FAN) 등의 냉각장치 및 기타 소음 발생원이 동작하는 경우 이격 거리 1.5m, 높이 1m의 조건에서 GR-487-Core의 60dBA이하를 만족하여야 한다. 시스템 성능 실험 결과 이러한 조건에 맞춰 문제 발생이 없이 정상적으로 처리가 되어야한다.

그림 14의 MCU(Main Control Processor Unit)는 시스템 감시 및 제어 역할을 한다. Freescale XPC 862 프로세서 탑재를 하고 셀프 내의 경보 및 장애 상태의 집중 제어 및 LED 표시를 한다. 그리고 100BaseT 이더넷 접속 포트 제공으로 내부IPC, 외부 EMS, RS-232 기반의 MMI[15] 포트 등을 통해 데이터 통신을 하도록 구성 하였다. OLMU[16](Optical Line Monitoring Unit)는 delay값,

15) MMI(Mixed Mode Communication Interface)은 여러 개의 트랜스 듀서들이 버스 형태로 연결하여 Plug-and Play 기능 지원.

16) OLMS(Optical Line Management System) : 광선로 원격 감시 시스템으로 광케이블 접속 함체 개·폐 경보, 손실 변화 주기적 측정(채웅식, 2012).

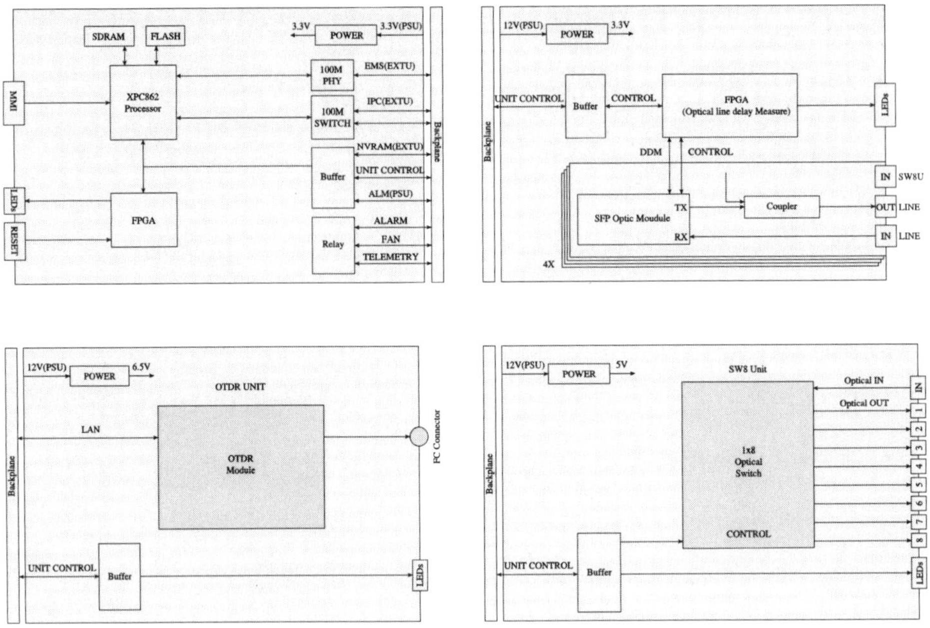

| 그림 14 | 광선로 OLMS UNIT 구성도

거리(1회/1초), 신호 감쇄, 광 파워 입출력 손실 값 등을 실시간으로 unit당 4회선 선로 감시를 한다. 또한 선로 장애 추적을 위해 OTDR(Optical Time Domain Reflectometer) 측정을 통해 광선로 길이 및 접속 구간 측정을 하도록 했다. 이러한 Unit 들은 광선로 간선 링을 8개 수용 할 수 있도록 SW8U (Optical Switch 1x8 Unit) 셀프를 실장하여 Switching Time을 10ms이하, 삽입손실을 1dB이하로 운용되도록 실험하였다. 이상에서 광케이블의 위치를 추적 하는데 필요한 계측기 시스템과 광접속분기 함체의 수동소자의 설치 등을 통해서 고객 불만 감소시켜 제품의 기술사업화 사례에 대해 설명하였다. 즉, 광케이블 접속함체를 개·폐시 중앙제어부에서 광심선 절단 및 손실에 대해 감지할 수 있는 시스템 기술을 이다. 본 기술은 기존 Raychem 접속함체를 통해 9km 정도 구간에 시제품제작과 실험을 통해 경보와 레벨손실에 대해서 실험을 통하여 구성되었다. 광선로 원격 관리 시스템은 시그널(Signal) 실시간 감시, OTDR 기능을 적용하고, 장애위치 측정, 손실특성 감시 및 분석 등 기능과 연동해서 제공한다. 그리고 광접속함체 감시 시스템 측정부의 커넥터 손실은 0.1dB이고 광케이블 km당 0.03dB, 융착접속 손실 등을 고려해서 평균 -22dB 이내 규격이내에 측정이 되는지에 대해서 확인이 되었다. 국내 통신사들은 광케이블을 이용해서 B2B, B2C 회선 장비 측에 -23dB 이내 광 손실이 보장 되어야 인터넷와 IPTV 서비스 장비가 동작할 수 있다. 다음은 실제 FTTH 서비스 중인 가입자측 전송로 구간 선로 장애 감시를 위해 도입된 반사필터에 관련된 내용이다.

Chapter 05

통신네트워크 품질 감시를 위한 반사필터 시스템

1. FTTH망 개요

광케이블 접속함체는 일반적인 간선망 광케이블과 광케이블이 통신국사에서부터 가입자 댁내까지 직접 연결된 서비스인 FTTH(Fiber to The Home)케이블이 수용된다. FTTH망은 G-PON (Postive Optical Network)방식으로 TDMA[17]와 WDMA[18] 방식으로 나누어진다.

TDMA-PON은 OLT(Optical Line Terminal)의 하나의 PON 포트에 광섬유가 Splitter[19]에 연결되어 1:N의 광섬유로 분기하여 가입자 댁내의 광모뎀(Optical Node Terminal)에 연결되는 점대다중점(Point to Multipoint)방식으로 구성된다. 이러한 점대다중점(Point to Multipoint)의 PON방식은 수동소자(Splitter)을 사용하여 기존 점대점(Point to Point)으로 광케이블을 설계하는 것 보다 광섬유를 효율적으로 사용할 수 있어서 비용적, 효율적 측면에서 경제적인 구축방법이다. 수동소자(Splitter)을 이용한 구축은 통신국사에서 연결된 케이블의 간선망(feeder Network)을 통해서 단독주택 가입자 밀집지역에 분기점

17) TDMA(Time Division Multiple Access)은 데이터를 전송할 때 시간대를 분할하여 시간대별로 데이터를 전송하는 방식(조광현 등, 2007).
18) WDMA(Wavelenght Division Multiple Access)은 고객별로 파장을 할당하는 방식(조광현 등, 2007)
19) Splitter는 통신국사에서 보낸 하나의 광 코아 파장을 여러 가닥으로 branching 시켜주는 광소자(ITU-T, 2003)

역할을 한다. 대부분이 전주나 옥상의 벽취부 등에 설치된다. 다양하게 설치된 수동소자(Splitter)는 인터넷 설치 개통 기사들을 통해 고객에게 서비스가 된다. 이 과정에서 수동소자(Splitter)는 가입자 댁네로 광신호를 제공하여 인터넷 서비스를 한다. 가입자 댁네로 가는 광 인입선들을 시공 단계에서 수동소자(Splitter)에 제공된 인터넷 포트가 신호 전달이 안 될 경우도 종종 발생한다. 신호 전달이 안 되는 수동소자(Splitter)는 FTTH 전송망 유지보수를 하는 선로 협력사에게 연락이 되어 원인파악 및 신호 전달이 된다. 유지보수 협력사 입장에서는 현장에 직접 나가보지 않고도 품질이 미달인 수동소자를 모니터링 할 수 있는 기능 개발이 필요하다.

최근 통신사들은 가입자 망 고도화 작업의 일환으로 동축 선로를 FTTH로 고도화하여 기존의 PON-OTDR[20] 측정 기능에 수동 분배기(Splitter)까지도 품질 상태 모니터링을 할 수 있는 시스템 개발이 필요하게 되었다. 일반적으로 FTTH망은 하나의 광 종단장치(OLT)에 여러 개의 가입자 측 광 종단장치(ONT)를 연결할 수 있도록 수동 분배기(Splitter)를 사용하였으며, 이것은 트리 구조의 분산 토폴로지를 형성하여 가입자 댁내 까지 광신호가 전송되도록 한다. 이러한 수동분배기(Splitter)단은 현재 서비스 중인 설비에 가입자 상태를 실시간으로 확인할 수 없으며, 반사필터가 개발되면서 수동 분배기(Splitter)까지 감시할 수 있게 되었다. 반사필터는 수동분배기(Splitter)를 감시 할 수 있는 계측기인 PON-OTDR(Positive Optical Network-Optical Time Domain Reflectometer) 시스템과 통신국사 운용자들이 모니터링 할 수 있는 서버인 화면까지도 연동 될 수 있도록 하였다. 반사필터를 이용한 감시시스템 작동원리는 다음과 같다. 통신국사에 설치된 OLT측 광신호들은 1,310nm, 1,490nm, 1,550nm 신호 파장을 사용하고 있으며, 기존의 신호에 추가로 감시 신호파장을 분배해주는 Coupler[21]을

20) PON-OTDR은 광통신망의 후면산란파를 측정해서 splitter 소자까지 손상과 단선거리를 알 수 있는 계측기(장진현 등, 2010; Plomteux, 2012; Hopland, 2010).

21) Coupler은 통신국사 장비 측에서 보낸 수신 광신호를 1:N비율의 레벨로 branching 시켜 감쇄가 Splitter 보다 뛰어난 소자(Plomteux, 2012).

설치하여 1,625nm, 1,650nm 파장을 사용해서 광선로 종단에 반사하는 필터를 단독세대와 공동세대의 종말장비 전에 설치하여 실시한 감시하도록 개발 된다.

그림 15의 반사필터가 작동하기 위해서 광 종단장치인 OLT장비에서 통신국사 내 광분배함인 FDF(Fiber Distribution Frame)로 연결되는 중간에 Coupler와 수동분배기인 Splitter에 필터를 설치한 단독 FTTH-PON 방식 전송망이다. 광간선망(Feeder Network)[22]은 OLT에서 FDF를 통해 광케이블 접속함체 분기점인 ODP (Optical Distribution Point)지점에서 분기한다. OTB(Optical Terminal Box)는 광분배기(Optical Splitter)에서 가입자 측 광모뎀인 ONT로 전달된다. 이러한 OTB는 Splitter를 보호하기 위해 가입자 인근 전주나 옥상 벽면위에 설치되는 역할을 하고, OTB에서 Splitter에서 분기된 1개 광심선이 가입자 측으로 인입된다.

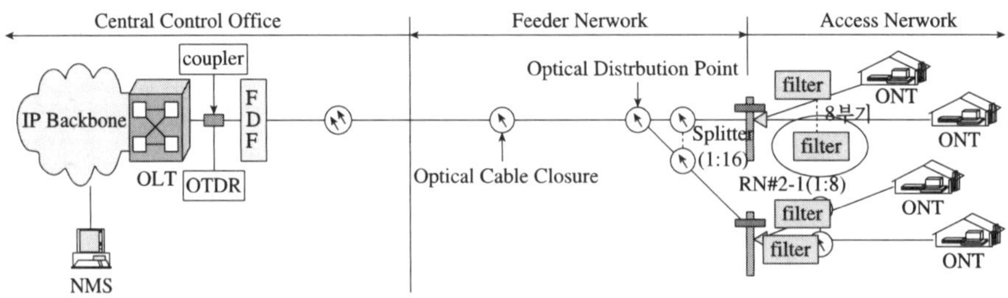

┃그림 15┃ FTTH망 반사필터 개황도

2. FTTH 전송망 품질 감시를 위한 반사필터 작동원리

FTTH 전송망은 통신국사측에 설치된 OLT PON 포트에서 수동분기소자(Splitter)로 점대 다중점(Point to Multipoint)방식으로 각각의 가입자측 광모뎀(ONT)로 데이터와 방송정보를 전송한다. 통신네트워크 시설물의 품질 측정은

22) Feeder Network은 통신국사에 인입된 광케이블이양방향의 링(ring) 방식으로 in/out되어 돌아오는 main 케이블(박찬우 등, 2011).

계측기나 별도의 시스템 개발을 하여 확인 할 수 있다. 네트워크 품질은 장비와 전송망, 고객측 임대 단말, 공동 주택, 단독 주택 현장 여건에 따라 다르게 발생한다. 각각의 현장 사항들에 맞게 통일된 품질 감시를 해야 한다. 통일된 품질 감시는 고객 임대 모뎀에서의 입·출력 값을 확인하는 NMS 시스템들을 이용한다. 하지만 최근에는 임대 모뎀 앞에 감시 파장을 통해 수동 소자류(Splitter)를 파장 감시 하는 방법이 있다. 파장 감시는 반사 필터를 활용하여 수도소자(Splitter)와 광모뎀(ONT)에 설치하면 된다.

FTTH는 통신 국사에서 신호를 내려주거나 가입자 측을 통해 올려 주는 기능 등을 활용하여 정보 전송을 한다. 이를 통신기술용어로 사용하면 통신 국사에서 내려주는 신호를 하향 다운스트림이라고 한다. 그리고 가입자 측에서 올려주는 신호를 상향 업스트림이라고 한다. 상향인 업스트림은 각각의 가입자 측 광모뎀(ONT)이 OLT쪽으로 특정목적지나 주소를 갈은 유니케이스트로 전송을 한다고 표현 할 수도 있다. 이렇게 전송되는 상향과 하향을 진행하는 과정에서 통신국사에서부터 가입자 댁내 광모뎀(ONT)까지의 구간에는 많은 외부적 환경으로 인해 선로 장애 위험이 노출되어 있다. 외부에서는 불특정 다수의 망 구축구성원들의 작업, 도로공사, 전주 이설, 건물 신축공사 등 많은 외부 위험 요인들에 노출로 인해 선로 장애가 자주 발생한다. 다양한 외부 요인은 FTTH의 광케이블 및 수동소자(Splitter) 장애를 발생시킨다.

그림 16에서 처럼 FTTH 전송망 장애요인을 나타낸다. 장애요인은 수동소자(Splitter), 광단자함 내부 광케이블 여장 밴딩, 가입자 댁내 광선로 Drop 케이블, 커넥터 불량 등이 많이 발생한다. 실제 광커넥터와 수동소자(Splitter)는 커넥터 손실을 최소화 하여 실시간 감시하는 광소자류가 필요하다. 광소자류는 반드시 기존의 사용 중인 파장에 영향이 없고, 커넥터 삽입손실 등을 최소화 시켜야 한다. 또한 선로장애는 반사 필터를 수동분기소자(Splitter)에 설치하여 광선로 뿐만이 아닌 수동소자(Splitter)까지 감시할 수 있는 시스템으로 구현되어야 한다.

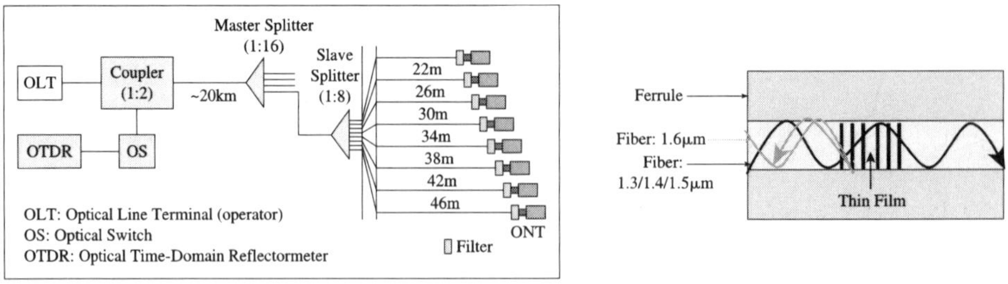

▌그림 16▐ OLT에서 부터 반사필터까지 거리와 세부 개황도

그림 16의 반사필터는 광섬유를 감싸는 페롤(Ferrule)복수의 박막(Thin Film)을 포함하고 있다. 복수의 박막들은 광섬유의 굴절률과 다른 굴절률을 갖기 때문에 광섬유를 통과하는 파장으로 신호가 반사 되도록 구성되었다. 예를 들어, 복수의 박막들은 광섬유 내에서 복수의 층들로 광섬유의 길이 방향으로 적층됨으로써 특정 파장의 신호를 반사할 수 있다. 복수의 박막들은 1단 간격으로 50~100층으로 광섬유의 길이 방향으로 적층됨으로써 1,600nm의 파장을 가지는 신호만을 반사할 수 있고, 그 외 신호는 그대로 통과시킬 수 있다. 또한, 복수의 박막(Thin film)은 빛의 반사 및 투과를 이용하는 센서인 FBG(Fiber Bragg Grating)[23]로 대체될 수 있다. 본 필터는 광코아(Optical Fiber)와 이를 감싸는 페롤(Ferrule)[24], 복수의 박막(Thin Film)들을 포함한다. 여기서, 복수의 박막들(Thin Film)은 광코아(Optical Fiber)의 굴절률과 다른 굴절률을 갖기 때문에, 광케이블을 통과하는 파장의 신호가 반사되도록 한다. 예를 들어, 복수의 박막(Thin Film)은 광코아(Optical Fiber) 내에서 복수의 층들로 적층됨으로써, 특정 파장의 신호를 반사할 수 있다. 필터의 1단 간격을 1,000번의 층으로 적층함으로써 1,625nm, 1,650nm의 파장을 가지는 신호만을 반사 할 수 있다. 그리고 1,310nm, 1,490nm, 1,550nm 등의 파장을 갖는 신호는 그대로 통과 시킬

23) FBG는 광섬유 코어심선에 자외선을 투과 시켜 굴절률이 변화하는 특성을 이용하여 격장을 만드는 소자(김종열 등, 2013).

24) Ferrule는 광접속기를 사용한 접속에서 심선의 정렬을 위해 사용되며, 내열도관에 광섬유를 장착하여 사용한다(정소기, 2013, 김종열 등, 2013).

수 있다. 또한, 복수의 박막들은 빛의 반사 및 투과를 이용한 센서인 FBG(Fiber Bragg Grating)로 대체될 수 있다. 따라서 필터는 OLT에서 발생하는 실제 가입자에게 제공되는 파장을 통과 시킨다. 그리고 1:2 커플러의 광 신호 중 1개의 광 심선에 PON-OTDR의 1,625nm 파장을 하향으로 필터 측에 보내게 된다. 이 때 반사필터는 1,625nm 파장을 반사시킴으로써, FTTH 전송망의 장애를 판단하는 장치로써 이용된다.

그림 16에서 커플러는 TAM(Test Access Module) 및 광 스위치를 포함 하고 있다. 만약, OLT에서 TAM 모듈이 없이, 적어도 하나의 커플러와 광선로(Optical Fiber)에 연결되어 있다고 가정하게 된다면 다음과 같은 결과가 나온다. OTDR에서 신호를 발생시켜 OLT와 커플러 사이 광선로(Optical Fiber)에 송출하는 과정에서 OTDR과 OLT간에 송출된 광 신호가 서로 충돌하여 광 통신망이 단절되는 상황이 발생할 수 있다. 이러한 단절 상황을 방지하고자, TAM이 OLT와 커플러 사이에 설치한다. 그리고 WDM (Wavelength Division Multiplexing), 커플러(Coupler)의 역할을 수행하도록 한다. 이 때, TAM은 OTDR와 OLT에서 발생된 신호를 결합하여 복수의 필터들로 송출할 수 있다. 복수의 필터들은 다수의 ONT와 대응되는 개수만큼 적어도 하나의 분배기(Splitter)와 복수의 ONT사이를 각각 배치한다. 여기서, 복수의 필터들 각각은 광 신호(Optical Fiber)를 감싸는 페롤 및 굴절률과 다른 굴절률을 갖는 복수의 박막들을 포함할 수 있다. 또한, 복수의 박막들은 광선로(Optic Fiber) 내에서 복수의 층들로 광신호의 방향으로 적층되어 있다. 그리고 1,625nm, 1,650nm의 파장은 필터에서 신호가 반사되도록 한다. 그림16의 OTDR은 빛이 입사되면 전진하면서 일부의 빛을 반사하여 되돌리는 특성이 있다. 이렇게 반사된 빛을 후면 산란(Backscattering)이라고 하며 흔히 레이산란(Ryleigh Scattering)이라고 부른다. 후면 산란파은 광섬유내의 거리당 광손실값, 광선로 단선, 커넥터 손실, 광케이블 심선 밴딩 등을 측정하는 것에 이용을 하는 OTDR에 주로 사용된다. 하지만, 최근에는 동축 선로를 FTTH로 고도화하면서 기존에 OTDR방식의 계측

기를 사용할 수 없다. 그 이유는 단독세대 가입자 단말 앞에 설치된 수동 분배기(Splitter)의 Level값과 불량유무 판정이 불가능하기 때문이다. 그리고 광선로에 장애가 발생해야 만이 OTDR를 활용하여 정확한 위치 파악이 가능하였다. 이런 OTDR의 측정 원리는 수식으로 나타내면 다음과 같다.

L은 광섬유의 길이, c를 빛의 속도, t를 입력 광 펄스의 왕복시간, n을 광 심선 코어의 평균 굴절률이라 정의하여 식 (10)과 같이 표현할 수 있다. 후방 산란된 광의 전력은 식 (11)과 같다.

$$L = \frac{ct}{2n} \tag{10}$$

$$P_s(L) = S \cdot \frac{\alpha_s}{\alpha} \cdot P_o \cdot e^{-2\alpha L}(1 - e^{-\alpha W}) \tag{11}$$

α_s는 Rayleigh 산란손실로써 다음(12)의 식과 같다.

$$\alpha_s = \frac{0.76 + 0.51 \times \Delta n}{\frac{\lambda}{\mu m}} \tag{12}$$

3. FTTH 전송망에 설치된 반사필터의 구조

반사필터는 Bragg grating 기법을 사용하여 광소자를 제조한다. 이는 Bragg grating을 사용한 광소자류를 반사 필터내부에 적용하여서 FTTH 전송망을 실시간 감시 장치로 활용 할 수 있기 때문이다. 이러한 Bragg grating 기법을 사용한 방법은 다음과 같이 구조화 할 수 있다. 예를 들어, 유리섬유에 1㎛ 일정하게 높은 굴절률의 물질과 낮은 굴절률의 물질을 번갈아가며 한 100회 정도의 층을 쌓으면 특정 파장을 반사시킨다. FBG(Fiber Bragg grating)는 Thin Film Filter의 광섬유 버전이며, 이런 주기 구조가 필터로 기능한다. 유리광섬유에 강하게 자외선을 조사하면 굴절률이 변하며, 광코어의 민감성을 높이기 위하여 게르마늄(Ge), 보론(B) 등을 첨가하거나, 수소 처리를 하는 경우도 있다. FTTH 전송망은 분기수동 소자인 Splitter 감시를 위해서 반사 필터 설치를 통해 실시간으로 망 품질 모니터링을 하여 고객 불만을 사전에 차단할 수 있다.

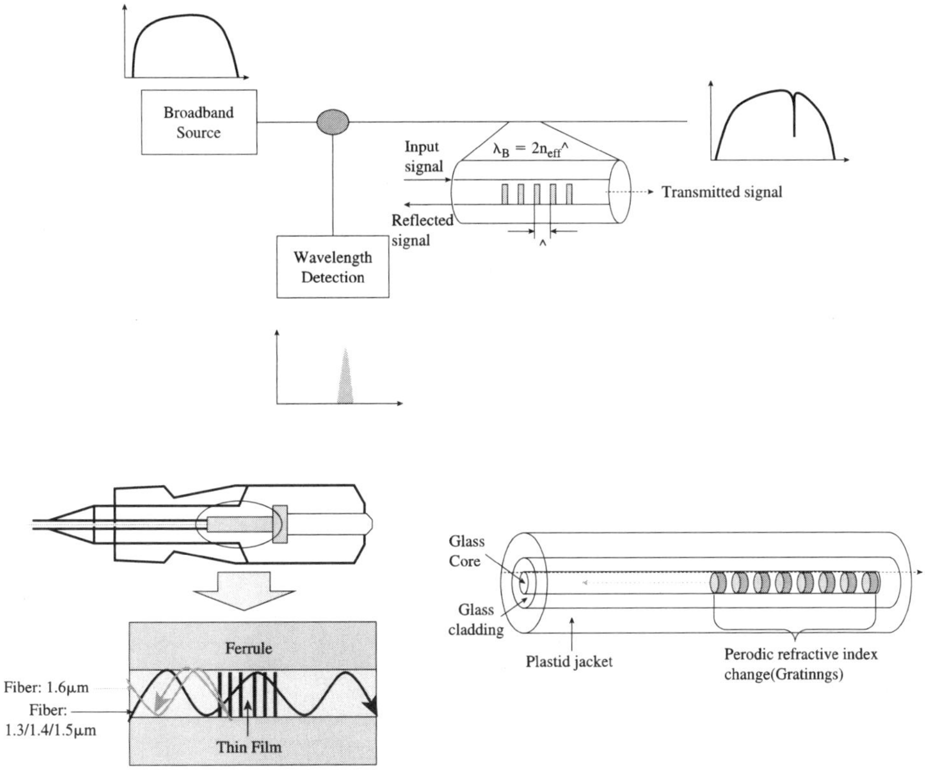

| 그림 17 | FTTH망 반사필터 개황도

그림 17서 보는 바와 같이 통신국사에서 광대역광원을 FBG에 전송하였을 때 식(13)과 같은 조건식에 의하여 특정파장이 반사되고, 나머지 파장은 통과한다. 이때 반사파장을 Bragg 파장이라고 한다. 광섬유는 빛의 전송 원리인 굴절률이 높은 물질에서 낮은 물질로 진행되며 그 경계에서 일정 각도의 빛이 모두 반사되는 전반사의 원리이며, 광섬유 코어에 전파되어 적용된다. 광섬유 브래그 격자

센서(FBG)는 이러한 현상을 이용하여 광섬유 코어의 굴절률을 주기적으로 변화시킨 것을 말한다. 이때 Bragg 파장을 수식으로 나타내면 식(13)과 같이 Bragg 파장의 유효굴절률과 Bragg 격자 주기의 함수이다.

$$\lambda_B = 2n_{eff}\Lambda, \quad \Lambda = \frac{\lambda_B}{2n_{eff}} \tag{13}$$

수식(13)에서 λB는 브래그파장, neff은 광섬유의 유효굴절류(effective refractive index), Λ는 격자주기 간격(grating period)이며, Bragg grating의 유효 굴절율과 파장과의 관계는 유효굴절류과 격자주기에 의해 결정되며, 격자 도파를 반사필터 소자에 사용하면 특정 파장을 결정한다. 이 λB 브래그파장을 제어 할 수 있어야 반사 필터의 기능을 할 수 있다. 다음은 FTTH 전송망에 실제 가입자가 사용하고 있는 수동소자(Splitter)에 반사필터를 설치하여 실험한 내용이다.

그림 18은 통신국사에 커플러를 설치한 이후 Live-OTDR를 기존 OLT파장과 감시용 파장을 결합한 것이다. 이렇게 결합된 파장은 광케이블을 통과해서 Main 분기수동소자(Splitter)에 도달하게 되며, 분기수동 Splitter가 가입자규모에 따라 1:N개 설치된다. Main 분기수동 Splitter의 N개의 규모에 따라 가입자 개통용 수동소자 Splitter를 설치하게 된다. 가입자 개통용 수동소자Splitter에는 커넥터가 설치되어 있으며, 이곳에 반사필터(Reflecting Filter)를 부착한다. 각각의 반사필터는 통신국사측 Live-OTDR를 측정하게 하며 각각의 수동소자 Splitter에 대한 장애 인지 및 분석이 중앙 제어부에서 가능하게 된다. 이러한 장애인자들은 Live-OTDR과 연결된 NMS[25]와 연동된 GIS[26] 트리 및 토폴로지 화면에 반영하여 가청 경보를 출력하게 구성한다.

---

25) NMS(Network Management System)은 통신네트워크 망 장애를 실시간으로 화면이나 경보를 띄워 주는 시스템(전덕영 등, 2008; Plomteux, 2012).

26) GIS(Geographic Information System)은 지리 공간 데이터를 통신시설물 등과 같은 정보를 등록하여 활용하는 시스템(전덕영 등, 2008).

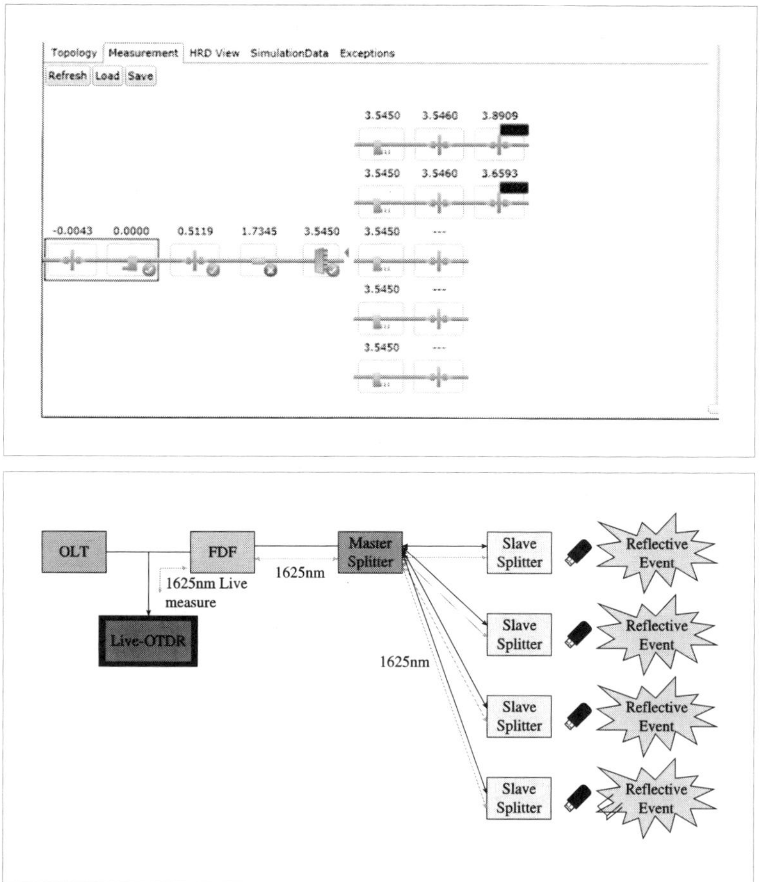

▌그림 18▐ 반사필터 NMS 화면 경보 내용

4. FTTH 전송망에 설치된 반사필터의 연동 실험

그림19은 중앙제어부에 설치된 FTTH OLT와 FDF사이에 커플러를 설치하여, 실제 가입자가 수용된 소규모 Cell에 1,490nm, 1,625nm 등의 하향 파장 신호를 결합하여 복수의 수동소자 Splitter에 설치된 반사필터들로 송출한 내용이다. 그림 19에서는 통신국사의 중앙제어부에서 실제 FTTH 전송망에 설치된 수동소자(Splitter)별 반사필터를 설치하고 Naming을 등록 후 외부환경과 동일한 밴

딩, 광케이블 절단 등을 발생시켜 NMS에 감시 가능한지를 시험한 것이다. 이러한 검증을 위해서는 통신국사의 중앙제어부에 설치된 OLT에서부터 간선망(Feeder Network)를 경우해서 분기수동소자(Splitter)가 설치된 곳에 각각 반사필터를 설치하였으며, 3.01km 지점에 설치된 반사필터에 외부적으로 선로 밴딩과 수동소자(Splitter)에 성능저하를 일으켰을 때 발생하는 분석 값을 Live-OTDR의 NMS에서 육안으로 판단 할 수 있는지를 실험한 내용이다.

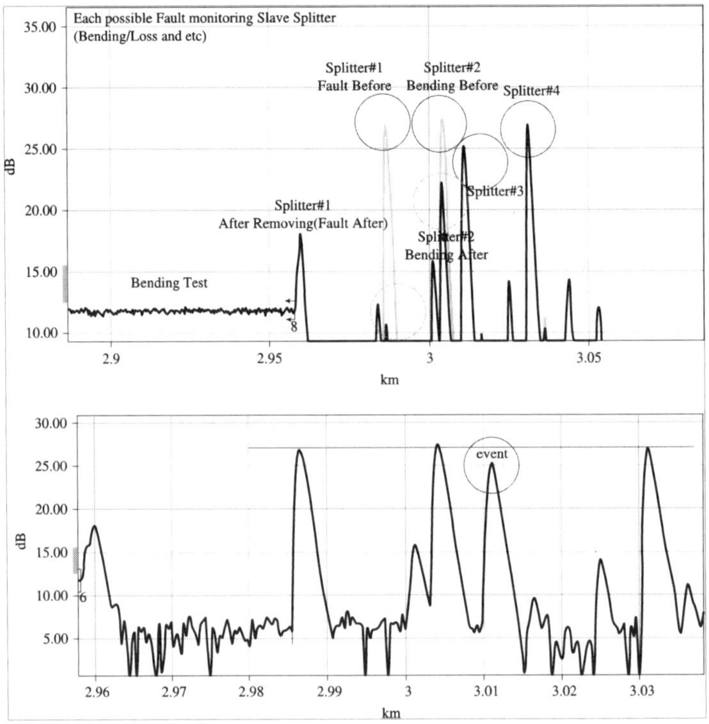

▌그림 19▐ PON-OTDR 반사필터 설치 전후 밴딩 측정

밴딩 시험(Bending test) 그림 19 Splitter#2는 광케이블 심선 밴딩 발생 전후에 dB값 변화 추이를 나타내고 있으며, 아래쪽 EVENT발생 그림 19 Splitter 1, 2, 4는 정상 dB값을 나타내고 있으며, 반면에 Splitter 3은 밴딩에 의한 Loss 경보 발생과 NMS에 원격장애 감시를 할 수 있는 자료 화면이다. 수동 소자

(Splitter)의 원격장애 감시는 품질 미달일 경우에 사전에 유지보수 업체에서 점검을 하여 고객 불만이 인입되기 전에 예방 할 수 있다. FTTH망의 수동소자(Splitter)는 8가입자당 1개씩 설치가 되기 때문에 너무 많은 규모로 설치가 되어야 하는 투자비 부분이 해결되어야 한다. 하지만, B2B 회선과 B2C 회선 중에서 고객이 많은 아파트 등의 가입자망 장비에 설치하게 되면 효율적인 유지보수를 할 수 있다. 그렇게 되면 잦은 인력의 출동, 원인 불명의 장애, 사전에 망측 선로소자 문제인지, 가입자측 단말기 문제인지를 정확히 확인할 수 있으며, 사전 고객 불만을 줄일 수 있다. 이상에서 설명된 장치는 하드웨어 구성요소, 소프트웨어 구성요소들을 프로세서, 콘트롤러, ALU(Arithmetic Logic Unit)[27], 디지털 신호 프로세서(Digital Signal Processor), 마이크로컴퓨터, FPA(Field Programmable Array)[28], PLU(Programmable Logic Unit)[29], 마이크로프로세서, 도는 명령(Instruction)을 실행하고 응답할 수 있는 다른 어떠한 장치와 같이, 하나 이상의 범용 컴퓨터 또는 특수 목적 컴퓨터를 이용하여 구현한다. 처리 장치는 운영체제(OS) 및 상기 운영 체제 상에서 수행되는 하나 이상의 소프트웨어 애플리케이션을 수행할 수 있다. 또한, 처리 장치는 소프트웨어의 실행에 응답하여, 데이터를 접근, 저장, 조작, 처리 및 생성할 수도 있다. 즉 처리 장치는 하나가 사용되는 것으로 설명된 경우도 있지만, 처리 장치가 복수 개의 처리 요소(Processing Element), 복수 유형의 처리 요소를 포함할 수 있음을 알 수 있다. 예를 들어, 처리장치는 복수 개의 프로세서 또는 하나의 프로세서 및 하나의 콘트롤러를 포함 할 수 있다. 또한, 병렬 프로세서(Paralled Processor)와 같은 다른 처리 구성(Processing Configuration)도 가능하다. 소프트웨어는 컴퓨터 프로그램, 코드, 명령, 또는 이들 중 하나 이상의 조합을 포함할 수 있다. 그리고

---

27) ALU은 컴퓨터 중아처리장치 속에서 연산을 하는 부분으로 산술과 논리연산을 하는 Unit (정소기, 2013; 정소기 · 채웅식, 2013)
28) FPA은 통신국사에 설치된 NMS시스템에 장애확률을 해석하는 기능(정소기, 2013; 정소기 · 채웅식, 2013).
29) PLU은 컴퓨터 프로그램을 자동제어를 하는 unit(정소기, 2013; 정소기 · 채웅식, 2013).

원하는 대로 동작하도록 처리 장치를 구성하거나 독립적으로 또는 결합적으로 처리 장치를 명령한다. 소프트웨어 및 데이터는 처리 장치에 의하여 해석되거나 처리 장치에 명령 또는 데이터를 제공하기 위하여 해석되거나 처리 장치에 명령 또는 데이터를 제공하기 위하여, 어떤 유형의 기계, 구성요소, 물리적 장치, 가상 장치, 컴퓨터 저장 매체 또는 장치, 전송되는 신호파에 영구적으로, 또는 일시적으로 구체화 될 수 있다. 소프트웨어는 네트워크로 연결된 컴퓨터 시스템 상에 분산되어서, 분산된 방법으로 저장되거나 실행될 수도 있다. 소프트웨어 및 데이터는 하나 이상의 컴퓨터 판독 가능 기록 매체에 저장될 수 있는지 실험하였다.

5. FTTH 전송망에 설치된 반사필터의 실험 결과

기존의 FTTH-PON 전송망은 수동분기(Splitter)를 설치하여 고객 댁내의 광모뎀(ONT)까지 광케이블이 서비스되는 개념이다. 광케이블의 서비스는 고객 댁내까지도 가능하게 하여 장애가 발생할 수 있는 구간이 증가하고 있다. 주요 장애의 유형들은 광케이블 단선, 커넥터 손실, 광심선 여장처리 불량에 의한 밴딩 등의 이벤트들 이다. 하지만, 이러한 장애 감시는 기존의 예비코아(Dark fiber)를 구성하거나 전송장비에 별도의 시스템 개발 등을 해야 하는 문제점이 있고, 수동분기(Splitter)를 감시 할 수 있는 장치가 없었다. 반사필터를 이용하여 망감시를 하면 B2C, B2B에 수용된 장비커넥터나 수동분기(Splitter)를 실시간으로 확인 할 수 있다. 그리고 별도의 예비 코아(Dark fiber) 구성없이 기존 서비스 운용중인 파장에 Live 파장 1,625nm, 1,650nm 등을 이용하여 실시간 감시하는 반사필터를 제안하였다. 제안된 반사필터는 수많은 광 간선망(Feeder network)에서 1개의 광 심선을 광분배기인 수동소자(Splitter)에 반사필터를 설치하여 광케이블과 수동소자(Splitter)를 실시간 감시한다. 이러한 감시 시스템 연구는 광케이블 작업오류에 의한 장애 예방, FTTH망의 반사필터 설치 등 품질 미흡한 구간 사전 점검을 할 수 있어 고객 품질 불만을 차단시킬 수 있는 해법이 될 수 있다.

Chapter 06

통신네트워크 장애를 통한 고객 불만 최소화 결론

1. 결론 및 시사점

통신 상품별 지수감소 모형과 네트워크 서비스 중 광케이블 장애에 따른 생산함수 모델을 이용하여 실증 분석을 하였다. 그리고 네트워크 서비스 장애를 사전에 예방하거나 장애가 발생하였을 때 신속한 위치 등을 추적 할 수 있도록 감시 시스템 개발에 관한 내용이다. 즉, 통신네트워크의 장애로 인해 발생하는 고객 불만을 감소시키는 방법론이다. 통신사 상품별 고객 불만은 다음과 같다. 통신사들의 고객 불만을 줄이기 위해 인력, 장비, 시간 등 많은 노력을 하고 있다. 그 중에서도 고객 불만 건수와 시간과의 관계에 대한 학습 곡선을 통해 서비스 상품별로 4개의 모형과 생산함수를 이용하여 객관화 하였다. 그리고 고객 불만을 줄이기 위한 해법으로 외부의 광케이블 전송 매체의 개선을 활용하는 사례 분석들에 대해 설명하였다.

통신 기업에서 유선 통신 상품인 초고속 인터넷, 전화, IPTV의 경험 곡선에 의한 학습효과 측면과 전달 매체인 광케이블 장애가 발생하였을 때 생산함수에 대해 고객 불만 감소가 유의함을 보였으며, 고객 불만을 사전에 줄인 수 있는 감시 시스템 개발 사례에 대해 설명하였다.

2장에서는 유선 통신 상품별 학습 곡선과의 추정결과를 다음과 같이 다시 한 번 설명 할 수 있다. 통신 서비스 상품별 시간에 따른 고객 불만 감소가 학습곡선에서 유의함을 보였다. 통신서비스 상품별 고객 불만 건수와 기업 내·외부의 시스템화, 인력 투입, 투자 등이 시간에 따른 고객 불만 감소에 영향을 미치는지에 대한 내용이다. 그리고 이론적 시사점은 다음과 같다. 첫째, 통신 서비스 상품별 고객 불만의 감소에 따른 학습곡선에 미치는 영향에 대해 지수감소모형(exponential decay model)을 통하여 실증적으로 검증하였으며, 통신사들은 시간에 따라 학습 곡선 측면에서 고객 불만이 감소함을 알 수 있었다. 둘째, 통신 서비스 상품별 경험곡선에 의해 인력투입과 소프트웨어 보완, 투자 등을 전략적으로 적용해야 고객 불만을 줄일 수 있다. 셋째, 고객 불만은 기업측면에서 많은 정량적인 데이터로 축적되어 있는 것을 단순한 측정과 평가뿐만 아니고 계절적, 관리하고 개선함으로써 정확한 측정이 이루어질 수 있음을 알 수 있었다. 기업 내부에 고객 불만 성과관리 지표는 등록건, 입력주기나 평균 처리시간, 데이터 분류에 대한 정확도, 처리시간 준수율 등이며, 기업 내 여러 관리 지표 가운데 가장 집중적으로 관리해야 할 대상인 핵심평가지표라고 할 수 있다. 그리고 기업이 고객 불만을 줄이기 위해 TFT인력 투입을 하게 되면 오히려 고객 불만을 증가시킬 수도 있다. 이러한 현상은 전체 고객 불만 건수로 관리하는 방법에서 투입인력당 건수로 지표를 추가하여 고객 불만 감소를 위해 투입하는 노력의 효과로 평가하는데 새로운 지표를 고려할 수 있다. 통신사들은 고객 불만을 줄이기 위한 노력들이 실제 고객 불만이 감소하는지는 의문이 있다. 그 노력은 크게 TFT를 통한 인력의 지원, 장비에 대한 소프트웨어 적용, 시설물 투자에 대한 검증인 것이다. 통신서비스 상품별 고객 불만 감소에 대한 내용은 고객 불만의 건수와 시간과의 관계를 기존의 학습곡선을 통해 고객 불만이 감소되는 4개의 모형을 객관화 하였다.

3장도 기존 본문에서 설명 하였듯이 서비스 상품별 고객 불만을 광케이블 장애가 발생하였을 때 생산함수 모형 변수로 객관화 시켰다. 그리고 통신네트워크망 중 광선로의 장애가 발생하였을 때 고객 불만과 각각의 변수들이 생산함수에 유의함을 설명하였다. 그리고 Cobb & Douglas(1928)의 생산함수 모형에서 각각 선로 장애가 발생하였을 때 처리하는 변수들로 변형하였다. 즉, 광선로 장애가 발생을 하였을 때에 고객 불만을 최소화시키기 위해 예상되는 피해고객의 수도 중요하지만 복구 지연 시간도 중요하게 영향을 미친다. 또한 유지보수 근무일 여부, 계절 변수, 관리 가능한 작업인 외부 공사와 코어 단선 등도 고객 불만 증가에 영향을 미치는지에 대해 내용이다. 예상피해 가입자와 장애처리 시간, 계절요인 중 봄철은 통계적으로 유의하다. 즉 봄철은 해빙기를 맞이하여 건설사나 관공서에서 진행하는 많은 외부 환경공사가 진행되기 때문이기도 하다. 외부 환경 공사는 가공이나 지중에 설치된 통신 시설물들이 공사 차량과 작업자 등으로 인해 장애가 발생한다. 통신 시설물 장애는 많은 외부 환경적 요인과 복구 시간 지연 등에 의해 고객 불만이 증가한다. 통신 기업은 고객 불만 증가 요인을 최소화시키기 위해서는 외부 공사 정보 획득과 작업자들을 감시 할 수 있는 시스템 구현이 필요하다. 이론적 시사점은 다음과 같다. 첫째, 고객 불만의 영향 요인인 광케이블 장애는 예상 피해 고객수와 예상 복구 시간에 대해서 선형모형을 통해 실증적으로 검증하였으며, 네트워크 생존성 측면에서는 고객 불만을 일으키는 변수들을 생산함수 모형에 적용하여 고객 불만이 무차별하게 증가 하는 것을 알 수 있었다. 둘째, 광케이블 장애처리 뿐만이 아니고 현장에서 관리 가능한 변수인 작업 장애와 외부 공사, 코어 단선이 발생하면 고객 불만이 증가하였다. 셋째, 예산 피해 고객수와 예상 복구 시간을 줄이기 위해서 광케이블에 수용된 회선을 분산 시키고, 시간을 줄여서 장애처리를 할 수 있는 다양한 위해개소 점검 방법이 필요하다는 것을 알 수 있었다. 그리고 통신서비스 전달매체인 광케이블의 장애에 대해 설명하였으며, 이로 인해 발생한 피해 가입자 규모와 복구 시간이 고객 불만과의 상관관계를 생산함수의 모형을 사용하여 객관화 하였다. 그리고 생산함수의 수학적 정의에 의해서 시간의 경과에 따라 기술 진보가 발생한다고 정의하였다. 즉, 생산함수 측면에서 기술의 진보로 인해 시간이 지나감에 따라 예상 피해 가입자와 처리 시간의 변화가 없어도 산출량인 고객 불만이 증가한다. 이러한 현상은 다양한 서비스를 제공 받는 고객의 생명선과 같은 인터넷망이 장애로 인한 고객 불만이 존재하는 것만 있는 것이 아니다. 즉, 통신 선로 장애 복구 이후에 발생하는 피해보상 및 서비스 해지 신청 등으로 이어지는 고객 불만이 추가로 인입되기 때문이기도 하다. 이러한 이유 때문에 기업은 Happy Call, 인터넷 홈페이지, SMS 등 다양화 된 채널을 통해서 고객 불만을 최소화 하도록 노력해야 한다.

4장, 5장의 내용은 광케이블 장애를 사전에 차단하는 방법으로 광케이블 접속 함체를 개·폐시 중앙제어부에서 광심선 절단 및 손실에 대해 감지할 수 있는 시스템 기술 사례이다. 이러한 사례는 2장과 3장에서 고객 불만의 영향 요인 변수인 Network 장애를 해결하기 위한 해법이라고 볼 수 있다. Network 장애에서 관리 가능한 장애를 사전 예방 측면의 사례이다. 관리 가능한 장애는 광케이블 접속 함체 감시 시스템과 FTTH 반사 필터를 사용하여 고객 불만을 발생시키지 않게 하는 효과가 있기 때문이다. 제안 기술은 기존 광케이블 분기 접속 함체 종류인 Raychem 함체를 통해 9km 정도 구간에 시제품제작과 실험을 통해 광케이블 장애 및 작업에 의한 경보와 레벨손실에 대해서 실험하였다. 기존 광선로 원격 관리 시스템은 시그널(Signal) 실시간 감시, OTDR 기능을 적용으로 장애위치 측정, 손실특성 감시 및 분석 등 기능과 연동해서 제공한다. 광케이블 접속함체 감시 시스템 측정부의 기존 커넥터 손실은 0.1dB였고, 광케이블 km당 0.03dB, 융착접속 손실 등을 고려해서 평균 -22dB 이내 규격이내에 측정이 되는지에 대해서 확인하였다. 국내 통신사들은 광케이블을 이용해서 B2B, B2C 회선 장비측에 적정 레벨 수신 값이 -23dB 이내 광 손실이 보장 되어야 인터넷 서비스 장비가 동작할 수 있다. 그리고 가입자 댁내까지 광케이블 서비스 제공을 하기 위해 FTTH 시설들의 수요가 증가 하고 있으며, FTTH 전송망 구간에도 선로 품질 향상을 통해 고객 불만이 발생하지 않도록 사전 감시 시스템 도입에 대한 사례도 추가 시켰다.

기존의 FTTH-PON 전송망은 수동분기인 Splitter를 설치하여 고객 댁내의 광모뎀까지 광케이블이 서비스되는 개념이다. 이러한 이유 때문에 광케이블은 고객 댁내까지도 서비스를 하게 되면서 장애가 증가하고 있다. 이러한 장애 증가의 주요 유형들은 광케이블 단선, 커넥터손실, 광심선 여장처리 불량에 의한 밴딩 등의 이벤트이다. 하지만, 이러한 장애 감시는 기존의 예비 코아를 구성하거나 전송장비에 별도의 시스템 개발 등을 해야 하는 문제점이 있고, 수동분기인 Splitter를 감시 할 수 있는 장치가 없었다. 그래서 B2C, B2B에 수용된 장비커넥터나 수동분기 Splitter를 감시하고, 별도의 예비 코아 구성없이 기존 서비스 운용중인 파장에 Live 파장 1,625nm, 1,650nm 등을 이용하여 실시간 감시하는 반사필터를 제안하였다. 제안된 반사필터는 수많은 광 간선망(Feeder network)에서 1개의 광심선을 광분배기인 수동소자인 Splitter에 반사필터를 설치하여 광케이블과 수동소자 Splitter를 실시간 감시 하였다. 이렇게 실시간으로 FTTH 전송망 수동소자인 Splitter를 감시하게 되면 고객들의 품질을 사전에 확인 할 수 있어서 고객 불만을 줄일 수 있다.

2. 향후 방향

2장의 첫 번째 실증 내용에서는 통신상품별 고객 불만과 학습곡선 측면, 광케이블 장애와 생산함수, 광케이블 및 FTTH 전송망 수동소자 감시시스템에 대한 한계점은 다음과 같다. 통신사나 케이블 사업자들이 초고속인터넷, 전화, IPTV을 번들로 판매하기 위해 많은 마케팅 비용을 쏟아왔다. 소비자들은 세 가지 통신 상품 중에 하나만 이용하는 경우에서부터 각기 다른 두 개의 조합들, 혹은 세 가지 모두, 나아가 무선통신까지 네 가지(QPS)를 선택하기도 한다. 하지만, 번들 상품에 대한 불만을 다루고 있지 않아서 어떤 상품 서비스 조합을 이용하고 있느냐에 따라서 불만의 강도와 빈도가 달라질 수 있다. 세 개의 서비스를 별도의 서비스로 놓고 각각에 대한 불만을 다루고 있다. 고객 불만 감소를 위한 기업들의 노력은 유선 통신사뿐만이 아닌 서비스 산업 전체의 화두이기도하다. 그리고 서비스 산업이 발달 할수록 서비스에 대한 고객 불만도 많아진다. 이런 현상은 분명 과거에 비해서 서비스가 다양해지고 편리해졌다고 느꼈음에도 불구하고 오히려 고객들의 불만의 소리는 갈수록 높아졌다고 할 수 있다. 이러한 현상을 서비스 패러독스(Service paradox)라고 하며, 서비스 패러독스가 발생하는 주요 원인은 흔히 비용과 효율을 지나치게 강조하다 보니 서비스가 획일화될 수밖에 없고, 기업은 빠르게 변화하는 고객의 요구에 대해 유연성과 차별성이 떨어지게 되어 있기 때문이다. 결과적으로 서비스 상품별로 시스템화하고 고객의 소리를 여러 채널을 통해 귀 기울이고 경쟁력을 강화하도록 지속적으로 유지할 수 있도록 경영체계를 혁신해야 진정한 의미의 고객 불만이 감소할 것이다. 통신서비스 상품별 고객 불만 감소에 대해 학습곡선을 이용하여 추정하고, 인력투입, 설비투자, 외부의 계절적 요인으로 인해 장비 리셋이나 장비의 부품 교환, 소프트웨어 적용 등 복구 작업 등의 효과를 추가로 검증하고자 한다.

3장의 두 번째 실증 내용에서는 광케이블 장애가 발생하면 이 시설물에 수용된 용량과 유지보수의 이동 시간, 예상 피해 고객수를 초고속 인터넷 사용자만 전체 가입자 규모로 선택하였다. 최근의 통신 서비스는 초고속인터넷, 전화, IPTV, 무선전화 등 다양한 조합들로 구성되며, 광케이블 장애가 발생하면 케이블에 수용된 다양한 서비스 유형 고객 규모에 따라 고객 불만 건수도 다를 수 있다. 이에 모든 가입자에 대한 고객 불만을 다루고 있지 않고 초고속 인터넷 고객 불만 가입자만 다루고 있다. 광케이블 장애로 인터넷이 끊어진다면 주식시장, 신용카드, 인터넷뱅킹, 온라인 쇼핑, SNS서비스 중단, 전자행정 시스템, 병원 전산, 발전소, 상하수도 관리 시스템 등 사회전체가 마비되어 예측할 수 없는 혼란으로 전개된다. 광전송 장비 등은 24시간 감시 관리 할 수 있는 안정된 환경에 설치되어 관리가 수월한 반면, 광선로 시설들은 옥외 열악한 환경에 노출되어 있어, 유지보수 경험과 구축, 운용 환경을 고려한 대처능력 등이 어려움이 많다. 또한 자가망 광선로 유지보수업체 또는 전문 인력의 수시변경에 따른 구성원별 역량차이가 발생하여 선로장애 처리 이장시간 증가하게 한다. 그리고 최근에는 통신 사업자 이외 행정 전용망, U-City, 국방부 자가 통신망 등 산업계, 지자체 등에서도 광통신망 구축이 증가하고 있으며, 도로공사, 가로수 정비 등의 환경 공사 등을 사전에 순시 등 유지보수 구성원들의 예방 활동으로 광케이블 시설물의 안전도를 확보할 수 있다. 이러한 시설물 점검 활동은 광선로를 관리하는 GIS(Geographic Information System) 시스템에 입력을 하여 현장 상태 등을 관리함으로써 장애로 인한 고객 불만을 줄일 수 있다. 또한 고객 불만은 광케이블 장애가 발생하였을 때 초기 대응이 미흡하여 장애처리 시간이 지연될 경우에 증가한다. 장애 처리 시간 지연은 계측기로 측정을 하여 확인을 하지만 현장과 GIS 시스템에 등록된 자료와의 오차로 인해 실제 현장으로 유지보수 구성원들이 직접 출동해서 확인하는데 걸리는 시간 때문이다. 광케이블 장애에 의한 고객 불만의 증가는 피해 규모와 처리 시간 등 장애후속 처리 절차의 신속성도 있지만, 장애가 발생하지 않도록 순시 점검 및 작업 관리 등 사전 점검 활동 강화를 해야만 광케이블 장애로 인한 고객 불만이 발생하지 않는다. 광케이블 장애에 의한 고객 불만 증가를 줄이기 위한 방법으로 장애 발생 시간 단축을 위해 정확한 장애 위치를 추적할 수 있어야한다. 그리고 시스템 구현에 관한 사례 발굴을 진행해야 한다. 수많은 외부 공사 환경에서 장애 발생을 예방하는 근본적인 관리 및 관제 방법도 향후에 지속적으로 연구되어야 할 것이다.

4장과 5장은 감시시스템에 관한 설명이다. 광케이블 사전 점검 활동 강화를 위해서 통신사 마다 감시함체를 구성하려면 광케이블 예비 코아와 커넥터를 수많은 접속함체에 설치되어야 한다. 이 경우 손실이 발생하기 때문에 거리상 측면에서 제한이 발생할 수 있다. 하지만, 본문에서 제안한 새로운 시스템은 장거리보다는 시내 구간에 사용하기 때문에 크게 광 손실에는 문제가 없다. 더욱이 광케이블 접속함체 감시 시스템은 단순 하면서도 누구나 쉽게 감시를 할 수 있다는 차별성을 두어서 신규 시장 창출을 할 수 있다. 그리고 기존 함체의 부피와 크기 등 변형 없이 덮개에 커넥터, 슬라이딩 가이드, 스토퍼 등을 부착해서 감시하는 장점이 있다. 광선로 유지보수를 하는 권역은 넓고 시설 수량은 증가하고 있으나 적은 인원으로 많은 광케이블과 광케이블 접속함체 까지도 실시간 감시를 해줘서 광선로 유지보수 비용절감 측면에서 훨씬 긍정적이다. 그리고 광선로 원격관리 시스템은 기존 통신사들이 보유하고 있는 NMS, GIS시스템 등과 연동 할 수 있다. 즉, 어느 시스템과도 광케이블 접속함체 감시를 연동할 수 있는 플랫폼(platform) 역할을 한다. 일반적으로 실시간 감시를 위해서는 통신국사내에 커플러를 설치하고, 외부의 광선로 수동소자인 Splitter마다 반사필터의 설치가 필요하게 되면서 투자비가 증가하게 된다. 그리고 다양한 간선망(Feeder network) 링과 수동소자인 Splitter를 실시간 감시 하는데 Delay Time이 발생할 수도 있다. 그러나 FTTH망에 구성된 반사필터는 선로 단선과 수동소자 Splitter에 레벨감쇄 등 Event가 발생할 경우만 작동하게 하였다. 그리고 장애발생시 투입되는 유지보수 인력비용과 장애로 인한 가입자들의 경제적 손실 등을 최소화하고, 효율적인 유지보수를 할 수 있도록 하였다. FTTH 단독세대 가입자 뿐만이 아니고 중요한 B2B 회선, 고객이 많이 수용된 공동 주택 등의 장비측 커넥터에 설치하여 감시한다. 그리고 선로장애와 수동소자(Splitter)장애 위치 추적을 하는데 사용되는 PON-OTDR기능을 NMS에 구현한다. 이러한 기능은 전문지식이 없어도 누구나 쉽게 광선로 장애위치 및 원인 파악을 할 수 있어 운용 효율화 측면에서 장점이 있다.

고객 불만을 줄이기 위한 기업 내부의 아이디어 제안과 시스템 구축사례 연구를 추가 발굴하는 것이 향후에 지속적으로 진행되어야 한다. 또한 우리나라 서비스 산업이 갖고 있는 고객 만족 경영 특성에 대한 고객 불만 감소의 전략 방향과 평가 방법도 병행하여 추가 되어야 할 것이다. 그리고 광케이블 장애에 의한 고객 불만 증가를 줄이기 위한 방법으로 장애 발생 시간 단축을 위해 정확한 장애위치를 추적할 수 있는 시스템 구현에 관한 사례 발굴을 진행해야 하며, 수많은 외부 공사 환경에서 장애 발생을 못하도록 할 수 있는 근본적인 관리 및 관제 방법도 향후에 지속적으로 연구되어야 한다. 또한 향후 모바일 GIS시스템과 연동할 수 있는 NMS 개발과 스마트폰 기반 웹기능을 통한 장애 위치감시 기능 개발을 통해 보다 더 쉽고 간편하게 사용할 수 있는 개선 연구가 필요하며, 제안한 방식의 성능을 평가하기 위해서는 여러 가지 성능평가척도가 추가되어야 한다. 그리고 예비 코아(dark fiber)가 아닌 실제 사용 코아에 파장만 다르게 해서 중앙 제어부 라우터나 스위치 내부에 일체형으로 개발되어 장비의 소형화까지 진행되어야 할 것이다.

▣ 참고문헌

강미라, 허미연(2011), 「스마트하게 일하라」, 가디언.

강태구(2012), 「국제경영」, 박영사.

김수옥, 김승철, 김희탁, 성백서(2004), 「서비스운영관리」, 한경사.

김순기(2006), 「사용자 중심의 관리회계(개정판)」, 박영사.

류귀열, 박일렬, 최승두(2007),「마이크로소프트 엑셀과 함께하는 앤더슨의 통계학」, 한올출판사.

박종태(2007), 한국형 콜센터 경영, 「물푸레」.

심경섭, 박춘식, 이용훈, 이태화, 추중필, 차재건, 황희정(2011), 「미시경제학」, 범한서적주식회사, 초판1쇄.

안상헌(2004), 「모든 것을 고객 중심으로 바꿔라:살림지식총서」, ㈜살림출판사, 122.

이네다 히로이찌, 정해상 역(2010), 「멀티미디어의 꿈을 나르는 광파이버 · 광케이블」, 겸지사.

이상민(2010), 「고객만족경영 실전바이블」, 랜덤하우스.

이유재(2013), 「서비스 마케팅 5판」, 학현사.

원태연, 정성원(2010), 「통계조사분석」, 한나래아카데미.

에스케이브로드밴드(2012), 「광선로 운용보전 지침」, 운용지원팀.

채웅식(2012),「광선로 감시시스템 기술 스펙」, SKTelecom Network institute Broadband Tech .Lab.

최경운(2007), 「서비스 패러독스」, LG경제연구소.

하기와라 도시히코 저, 황소연 역(2006), 「MBA에서도 배울 수 없는 경영학 수업」, 책세상.

함유근, 채승병(2012),「빅데이터, 경영을 바꾸다」, 삼성경제연구소.

김신철(2010), 서비스 패러독스 극복하려면, http://www.dt.co.kr/contents.html?article_no=2010121602012351699002, 2014. 1. 30.

김인철, 中 · 서방 개혁 용틀임하는데, 매일경제, 2013.12.01., Retrieved Dec., 1, from http://news.mk.co.kr/column/view.php?year=2013&no=1214418,

2014. 3. 1.
김상권(2008),"기업결합에 의한 비용절감 효과 추정,"「규제연구」, 17(2), 1738-7132.
김종우, 김규활, 전덕영, 이건복, 석승학, 정병덕(2009), "효율적인 통신망 장애조치를 위한 표준업무절체 적용 연구,"「한국통신학회 하계 학술대회 발표 논문집」.
김종열, 이남호, 정현규, 김여웅, 한원택(2013), "광섬유 브래그 격자 센서의 고선량 방사선 효과,"「한국정보통신학회」, 17(6), 1426-1430.
김진철, 안태민, 이중수, 오윤근(1999), "통신망 장애에 대한 서비스 접속 유지 기준에 관한 연구,"「한국정보통신 산업진흥원」.
김형석, 최영완, 최운경, 곽용수, 이준재(2005), "FTTH 구축을 위한 기술 · 경제 · 제도적 실현방안에 관한 연구,"「한국정보통신설비학회 정보통신 학술연구」.
도해용, 류기상, 유기상(2013), "빅데이터 분석 기법을 이용한 레스토랑 품질과 고객만족이 추천행동에 미치는 영향에 관한 연구,"「한국 외식 경영학회」, 16(2), 1229-1838.
로제(2012), "광케이블 접속분기함 및 광선로 감시시스템,"「특허청」.
로제(2012), "광케이블 접속분기함 및 이를 이용한 광선로 감시시스템,"「특허청」.
박유리, 정부연(2013), "2013 정보통신산업동향, 정보통신정책연구원,"「정책자료」.
박종현, 이지형(2002), "초고속인터넷서비스의 가입전환 의향과 고객유지방안,"「한국통신학회 추계 학술대회 발표 논문집」.
박찬우, 이영호, 한정희(2011), "FTTH-PON 가입자망 설계에서 Splitter Location-Allocation 문제,"「한국경영과학회」, 36(2), 1225-1229.
변혜미, 이승현, 임춘성(2010), "소프트웨어 기업 경쟁력 통합평가체계 적용을 통한 기업 실태에 관한 연구,"「한국경영학회 통합학술 발표논문집」.
선일(2001), "광케이블 접속함체 시장동향 조사사업,"「한국광산업진흥원」.
송광석, 유한주(2001), "전자상거래 서비스품질이 고객만족에 미치는 영향에 관한 연구,"「품질경영학회」, 29(4), 116-132.
오기석(2013), "핵심서비스에서 보조서비스로 전환되고 있는 음성통화,"「정보통신정책연구원」.
오규환, 현덕화, 이범석, 곽귀일, 최효열(2006), "광커플러를 이용한 광케이블 감시시스템 개발에 관한 연구," 「한국통신학회 하계 학술대회 발표 논문집」.

이성렬, 곽재민, 류광수, 황의창, 황남석(2012), "Chained Branches와 Dark Fiber 병합 방식을 이용한 선박용 광 네트워크 감시 시스템 제작,"「한국항행학회 논문지」, 16(2), 278-286.

이슬지, 박만식(2012), "이항 반응 자료에 대한 학습곡선의 모형화,"「한국통계학회 논문집」, 19(3), 433-450.

이승환, 이남권, 이금석, 이홍펴, 유윤식(2013), "광섬유 브래그 격자 센서를 이용한 원자력 발전소 격납건물의 구조 건전성계측," 「한국센서학회」, 22(1), 1225-5475.

이진호, 김종훈, 유한주(2012), "발전설비 정비서비스의 품질과 비용이 고객가치와 고객만족에 미치는 영향," 「한국품질경영학회」, 40(1), 73-87.

이한협, 이상수, 이종현(2013), "차세대 광가입자망 국제표준화 동향,"「한국통신학회」, 30(7), 26-33.

장석인, 정만태, 주대영, 서동혁, 홍성인, 이경숙, 김종기, 김경유, 이임자, 전용욱, 최창범(2006), "한국주력산업의 글로벌경쟁 분석과 정책과제," 산업연구원」.

장선권(2010), Retrieved Oct., 18, from http://www.koit.co.kr/news/articleView.html?idxno=35931. 2014. 3. 20.

장은상, 박갑석, 김성일, 최신호, 이병욱(1998), "효과적인 광선로 유지보수를 위한 시스템 개발에 관한 연구," 「대한전자공학회 학술대회 논문집」.

장진현, 이용철, 신동호, 오산균, 이종윤, 정진호(2010), "OTDR을 이용한 광섬유 외곽 경비시스템에 관한 연구," 「한국통신학회」, 35(12), 1236-1243.

전덕영, 석승학, 정병덕(2008), "OTDR과 GIS 기술을 이용한 광선로 장애 감시체계연구," 「한국통신학회 추계 학술대회 발표 논문집」.

전덕영, 김종우, 석승학, 정병덕(2009), "광선로 품질 및 장애관리방안 연구," 「한국통신학회 학술대회 발표 논문집」.
전덕영, 석승학, 정병덕(2008), "OTDR과 GIS 기술을 이용한 광선로 장애 감시체계연구,"「한국통신학회 추계 학술대회 발표 논문집」.
정소기(2013), "특정 파장을 가지는 신호를 반사하는 필터,"「특허청」.

정소기, 채웅식(2013), "광케이블 접속함체를 이용한 광선로 감시시스템," 「한국통신학회」, 38A(7), 592-602.

정소기, 차경천(2014), "통신 상품별 VOC 영향 요인과 학습곡선에 관한 연구," 「한국통신학회 논문지」, 39B(8), 518-525.

정소기, 차경천(2015), "광케이블 장애가 고객 불만에 미치는 영향 연구," 「한국통신학회 논문지」, 40(2), 325-333.

정윤수, 김용태, 박길철, 이상호(2009), "이동장비에서 안전한 IPTV 서비스를 사용하기 위한 사용자 인증 메커니즘," 「한국통신학회」, 34(4), 377-386.

조광현, 원헌, 조력연, 김현철, 안광용(2007), "IPTV를 위한 FTTH 적용 방안에 관한연구," 「한국통신학회 하계종합 학술대회 발표 논문집」.

최문환, 조평동, 강영흥, 양준규(2008), "FTTH도입을 위한 광선로설비 기술기준 개선연구," 「한국통신학회」, 33(7), 529-533.

최응순, 김연성(2001), "서비스품질 정보시스템(SQIS) 설계에 관한 연구," 「한국품질경영학회」, 29(2), 17-28.

한국통신(1996), "광선로운용관리 시스템 개발," 「선로기술연구원」.

허진석, 이정주(2006), "광섬유 브래그 격자를 이용한 촉각센서용 유연 단축 힘센서의 개발 및 평가," 「한국정밀공학회지」, 23(2), 1225-9071.

VOC 경영연구회(2013), "Voice of the customer VOC3.0+," KMAC.

Anderson, E. W., Fornel, C., and Lehmann, D. R. (1994), Customer Satisfaction, Market Share, and Profitabiliy, Findings form Sweden, *The Journal of Marketing*, 58(3), 53-66.

Bellcore(1995), TSC/RTO and OTAU Generic Requirement for Remote Optical Fiber Testing, Issue 1.

Beller, J. (1993), A high performance digital signal processing system for the HP8146A OTDR, Hewlett-Packard J.

Berry, L. L., & Parasuraman, A. (2004), *Marketing services: competing through quality*, Simon and Schuster.

Carer, P. (2006), Probabilistic method used in asset management for MV electrical equipment as EDF, In Probabilistic methods Applied to power systems, PMAPS 2006 International Conference on. IEEE.

Cassel, L. N., Partridge, C., & Westcott, J. (1989), Network management architectures and Protocols: Problems and approache, Selected Areas in Communications, *IEEE Journal on*, 7(7), 1104–1114.

Chung, F. R. (1994), Reliable softwore and communication, I. An overview. Selected Areas in Communications, *IEEE Journal on*, 12(1), 23–32.

Cobb, C. W., & Douglas, P. H. (1928), A Theory of Production, *The American Economic Review*, 18(1), 139–165.

Conway, R. W., & Schulz, A. (1952), The Manufacturing Progress Function, *Journal of International Engineering*, 1.34(2), 143–155.

Dwyer, F. R., Paul, H. S., & Oh, S. J. (1987), Developing Buyer–Seller Relationship, *The Journal of Marketing*, 51, 11–27.

Eccles, G., & Durand, P. (1998), Complaining customers, service recovery and continuous improvement, *Managing Service Quality*, 8(1), 68–71.

Erdogan, T. (1997), Fiber grating spectra. *Lightwave Technology, Journal of*, 15(8), 1277–1294.

Fiber Optics Expo(2005), The Latest Fiber–Optic Cables and Trends in Connection Technologies, 5th Fiber Optics Expo.

Goggin, W. C. (1974), How the multidimensional structure works at Dow Corning, Harvard Business Review, 55(1), 54–65.

Grant, R. M. (2010), Contemporary strategy analysis and cases:text and cases, John Wiley & Sons.

Harlow, H. F. (1983), Fundamentals for preparing psychology journal articles. *Journal of Comparative and Physiological Psychology*, 55(5), 893–896.

Hart, C. W., Heskett, J. L., & Sasser Jr, W. E. (1989), The Profitable Art of Service Recovery, *Harvard Business Review*, 69(4), 148–156.

Hax, A. C., & Majluf, N. S. (1982), Competitive cost dynamics: the experience curve, Interfaces, 12(5), 50–61.

Hedley, B. (1976), A Fundamental Approach to Strategy Development, Long Range Planning, 9(6), 2–11.

Henderson, B. (1974), The Experience Curve Reviewed: V. Price Stability, Perspectives 149, 1–3.

Henderson, J. M & Quandt, R. E. (1971), *Microeconomic theory: A mathematical approach*, New York: McGraw–Hill.

Hill, K. O., & Meltz, G. (1997), Fiber Bragg grating technology fundamentals and overview, *Journal of lightwave technology*, 15(8), 1263–1276.

Hopland, S. (2010), Characterization of Losses in GPON Access Networks Using OTDR Measurements, International Wire & Cable Symposium, Proceeding of the 59th IWCS/IICIT.

Jones, T. O., & Sasser Jr, W. E. (1995), Why Satisfied Customer Defect, *Harvard Business Review*, 73(6), 88–99.

Kahneman, D., & Tversky, A. (1979), Prospect theory: An Analysis of Decision Under Risk, Econometrica: *Journal of the Econometric Society*, 7(2), 263–291.

LU, Y. G., Zhang, X. P., Dong, Y. M., F. Wang, F., & Liu, Y. H. (2007). Optical cable fault locating using Brillouin optical time domain reflectometer and cable localized heating method, Institute of Optical Communication Engineering, International Symposium on Instrumentation Science and Technology, *Journal of Physics: Conference Series*, 48(1), 1387–1394.

Meeusen, W., & Van den Broeck, J. (1977), Efficiency Estimation From Cobb–Douglas Production Functions with Composed error. *International Economic Review*, 18(2), 435–443.

Nakazaw, M. (1983), Rayleigh backscattering theory for single–mode optical fibers, JOSA, 73(9), 1175–1180.

Neumann, E. G. (1988), Single–Mode Fibers, Spinger–Verlag, Berlin.

Personik, S. D. (1977), Photon Probe an Optical Fiber Time Domain Reflectometer. *Bell system Technical Journal*, 56(3), 355–366.

Plomteux, O. (2012), New Product Intro FG–750 Node iOLM, EXFO. PLM.

Reagan, J. (1987), Classifying adopters and non–adopters of four technologies using political activity, media use and demographic variables, Telematics and Informatics, 4(1), 3–16

Reichheld, F. F., & Sasser Jr, W. E. (1989), Zero Defections: Quality comes to Service, *Harvard Business Review*, 68(5), 105–111.

Telecom, I. T. U. (2001), Standardization Sector of ITU, Characteristics of a single–mode optical fiber and cable, Draft ITU–T Recommendation G.652.

Telecom, I. T. U. (2003), Standardization Sector of ITU, Deployment of Passive Optical Networks(PON), Draft ITU–T Recommendation L.52.

Telecom, I. T. U. (2003), Standardization Sector of ITU, Optical fiber cable mainterence critia for access networks, Draft ITU–T Recommendation L.53.

Telecom, I. T. U. (2007). Standardization Sector of ITU, Optical fiber cable mainterence critia for in service fiber testing in the access networks, Draft ITU–T Recommendation L.66.

Telecom, I. T. U. (2004), Standardization Sector of ITU, Optical Interface for coares wavelength division multiplexing application, Draft ITU–T Recommendation G.695.

Telecom, I. T. U. (2004), Standardization Sector of ITU, Spectral grids for WDM application : CWDM frequency grid, Draft ITU–T Recommendation G.694.2

Telecom, I. T. U. (2002), Standardization Sector of ITU, Transmission characteristics of optical components and subsystems, Draft ITU–T Recommendation G.671.

Telecordia Technologies(1993), Generic Requirement for Remote Fiber Testing Systems(RFMSs), TA-NWT-001295 Issue02.

Tse, D. K., & Wilton, P. C. (1988), Models of Customer Satisfaction Formation: An extension, *Journal of Marketing Research*, 25(2), 204-212.

Wikipedia(2014), http://en.wikipedia.org/wiki/Learning_curve, 2014. 1. 10

Williams, T. (1996), *Dealing with customer complaints*, Gower.

Wright, T. P. (2012), Factors Affecting the Costs of Airplanes, *Journal of Aeronautical Sciences(Institute of the Aeronautical Sciences)*, 3(4).

Yemini, Y. (1994), A critical survey of network management protocol standards, *IEE Telecommunications SERIES*, 30, 19.

Zeelenberg, M., & Pieters, R. (2004), Beyond Valence in Customer Dissatisfaction: A Review and New Findings on Behavioral Responses to Regret and Disappointment in Failed Services, *Journal of Business Research*, 57(4), 445-455.

고객 불만에 영향을 주는 통신네트워크의 장애와 해결방법

2015년 7월 1일 | 초판 인쇄
2015년 7월 6일 | 초판 발행

지 은 이 | 정소기
발 행 인 | 김은중
발 행 처 | 서울경제경영출판사
북디자인 | (주)우일미디어디지텍

주 소 | 120-808 서울특별시 서대문구 대현동 67-5 대현빌딩 5층
전 화 | 02)313-2682
팩 스 | 02)313-8860

등 록 | 1998년 1월 22일 제5-63호

ISBN 978-89-97937-31-8 93320 정가 12,000원